Método e
Hermenêutica Material
no Direito

A994m   Azevedo, Plauto Faraco de
        Método e hermenêutica material no Direito /
        Plauto Faraco de Azevedo. — Porto Alegre: Li-
        vraria do Advogado, 1999.
        149 p.; 14x21cm.

        ISBN 85-7348-108-0

        1. Direito. 2. Hermenêutica. I. Título.

                                          CDU 34

        Índices para catálogo sistemático
        Direito
        Hermenêutica: Direito

(Bibliotecária responsável: Marta Roberto, CRB 10/652)

Plauto Faraco de Azevedo

Método e
Hermenêutica Material
no Direito

Porto Alegre 1999

© Plauto Faraco de Azevedo, 1999

Revisão de
Rosane Marques Borba

Capa, projeto gráfico e composição de
Livraria do Advogado / Valmor Bortoloti

Direitos desta edição reservados por
Livraria do Advogado Ltda.
Rua Riachuelo, 1338
90010-173 Porto Alegre RS
Fone/fax (051) 225 3311
E-mail: livadv@vanet.com.br
Internet: www.liv-advogado.com.br

Impresso no Brasil / Printed in Brazil

Para *Jacinto Nelson* e *Aldaci Coutinho*, cuja amizade me tem estimulado intelectualmente.

Sumário

Apresentação 9

Parte I - Juiz e Direito rumo a uma hermenêutica material .. 13
1. Relevância social da função judiciária 13
2. Tripartição de poderes e o poder criativo do juiz 16
3. A Assembléia Constituinte francesa e o "référé législatif".. 18
4. O Jusnaturalismo e a Escola da Exegese 19
5. O Positivismo e a lei injusta 22
6. A lei injusta e a eqüidade 25
7. Sugestões de algumas coordenadas ao raciocínio judiciário 27

Parte II - Dogmática Jurídica e ensino do Direito 33

Parte III - Do método jurídico: reflexões em torno de François Gény 43

Parte IV - O Poder Judiciário e a justiça social 63

Parte V - Do método jurídico: reflexões em torno da tópica .. 77
1. Prevalência do pensamento sistemático 77
2. O significado da tópica 79
3. Aspectos históricos 85
4. A tópica e a sistematização dedutiva 87
5. Valorização da tópica 91
6. O componente ideológico da Ciência do Direito 99

Parte VI - Ensino jurídico e politicidade do Direito 105
1. Origens históricas do modelo vigente 105
  1.1. A influência dogmática 109
  1.2. Em busca de um modelo de ensino jurídico, atento à técnica, mas centrado na realidade social 110

Parte VII - Do método jurídico: reflexões sobre o normativismo Kelseniano e a criação judicial do Direito 119

Parte VIII - Do Direito Ambiental: reflexões sobre seu sentido e aplicação 129
1. Pressupostos da reflexão 129
2. Crise ambiental, concepção científica e ideologia 131
3. Pré-compreensão e ponderação dos interesses reais 136
   3.1. Métodos interpretativos – relevância dos princípios constitucionais – direito à qualidade de vida e direito de propriedade 140

Apresentação

Os textos integrantes deste livro foram selecionados* e reelaborados, tendo em vista uma continuidade temática. Referem-se todos, direta ou indiretamente, ao Método Jurídico, vale dizer, aos fundamentos teóricos destinados a orientar a interpretação e aplicação do direito. Traduzem um pensamento que se foi paulatinamente elaborando, sedimentado na reflexão e na docência, em busca de uma concepção do direito capaz de compreender sua estrutura lógico-formal, transcendendo-a, no entanto, a fim de servir os atores jurídicos, notadamente o juiz, no sentido de uma aplicação do direito em conformidade com os dados emergentes do quadro histórico atual. Julgando que tais textos devam auto-explicar-se, atemo-nos tão-só à referência de alguns de seus eixos principais.

Em busca de uma Hermenêutica Material, obediente à lei, mas atenta ao direito, buscamos iluminar as potencialidades criativas do trabalho judicial, capazes de atualizar a ordem jurídica mantendo-a e transformando-a, redescobrindo o sentido do direito de modo a propiciar o efetivo respeito da dignidade humana.

Isto não se faz sem redimensionar os fundamentos da Ciência do Direito, tradicionalmente denominada

---

* Os seis primeiros foram originalmente publicados na Revista da Associação dos Juízes do Rio Grande do Sul (AJURIS), entre 1988 e 1998, tendo o último feito parte de obra coletiva – *Direito Ambiental em evolução*, sob a coordenação de Vladimir Passos de Freitas, Curitiba: Juruá Editora, 1998.

Dogmática Jurídica, de tal forma que seu único dogma seja o de afeiçoar-se lúcida e criticamente ao quadro histórico a que se destina. Como ciência prática que é, deve destinar-se a explicar e organizar as instituições, conhecendo seus conceitos sem cair no formalismo conceitual, ordenando o sistema jurídico sem tê-lo como imutável, sempre atenta às exigências da justiça material e do bem comum, que, sendo de todos, há de refletir-se concretamente sobre cada um.

Trata-se de conhecer o direito positivo, sabendo valorá-lo, aquilatando-lhe os efeitos e discernindo-lhes as deficiências, o que não se faz sem sensibilidade histórica e conhecimento das forças sociais reais. Esta indispensável visão de conjunto demanda interesse interdisciplinar, de modo a visualizar os comportamentos humanos sob seus diferentes aspectos, identificando, inclusive, o jogo ideológico, para que a aplicação do direito, não sendo neutra aos valores, seja necessariamente imparcial. Não se diminui o direito, reconhecendo-se a potencial intromissão da ideologia a turvar o entendimento do jurista, camuflando as realidades, como, aliás, sucede na política, na economia, na sociologia ou na filosofia.

É fundamental, neste trabalho, explicitar a concepção prévia que se tenha do direito, tendo em vista sua decisiva influência sobre o processo hermenêutico. A argumentação precisa ser consciente de seus pressupostos para que possa conduzir a resultados racionalmente defensáveis, no que se evidencia a importância do ensino jurídico, cujos fundamentos e estrutura estão a reclamar discussão e reelaboração de propostas, de modo a ser atento à técnica, mas centrado no quadro social, transcendendo o logicismo e o conceptualismo, contra os quais há praticamente um século já investia o insigne François Gény.

O direito tem compromisso com a realização da justiça social. Seria imoral entender-se que os princípios constitucionais, notadamente aqueles consagradores da dignidade humana, do bem de todos ou do bem comum, da função social da propriedade e do direito ao meio ambiente ecologicamente equilibrado, viessem a compor um discurso meramente retórico-ornamental. Por mais que se tenha buscado desfigurar a Constituição de 05-10-88, em nome da ideologia neoliberal, a aplicação judicial do direito tem o dever de constantemente efetivar tais princípios. O dever é técnico-jurídico, visto comporem parte relevante do texto constitucional, mas é também ético, por não ser possível compactuar com o desprezo pelo homem e pelo direito.

A dimensão hermenêutica do direito é inarredável, como o reconheceu o próprio Hans Kelsen, possibilitando sua recriação e adaptação às necessidades históricas progressivamente configuradas. Atesta a politicidade do Poder Judiciário, que não se pode exercitar cabalmente sem o exercício de juízos de valor sobre fatos e instituições, buscando o melhor caminho para realizar e aperfeiçoar a ordem jurídica.

Finalmente, o poder criativo do juiz não se efetiva satisfatoriamente sem que se resolva a tensão existente entre o pensamento sistemático e o pensamento tópico-retórico sempre presente na aplicação judicial do direito.

Parte I

Juiz e Direito rumo a uma hermenêutica material

1. Relevância social da função judiciária

A função judiciária, observa Recaséns Siches, é essencial à ordem jurídica, seja ela qual for. Pode ocorrer a existência de ordenamento jurídico-positivo sem legisladores, como sucede nos ordenamentos jurídicos primitivos, mas é impossível a existência de um ordenamento jurídico-positivo sem órgãos jurisdicionais.[1] No Estado moderno, de complexa organização, as funções legislativa, judiciária e executiva são exercidas por órgãos diversificados, que, de modo geral, se pode dizer *precipuamente legislam, julgam e executam as leis.* "A função que o Poder Judiciário exerce é a de julgar, a de dizer 'A' tem razão, perante a lei, pois 'B' não tem razão; no que se distingue do Poder Executivo, que raramente se restringe a essa *função interior* à ação, e do Poder Legislativo, que faz as leis com que o Poder Judiciário julga. *Ratione muneris,* e não *ratione materiae,* é que o Poder Judiciário se distingue dos outros, posto que, aqui e ali, funções executivas tenha o Poder Legislativo (art. 30) e funções legislativas o Poder Judiciário, como se tira do art. 119, III, § 3º (redação determinada pela Emenda

---
[1] RECASÉNS SICHES, Luís. *Introducción al Estudio del Derecho.* México: Porrúa, 1977. p. 247.

Constitucional nº 7, de 13-04-77), e funções judiciárias o Poder Executivo (recursos administrativos; e arts. 40, I, 42, I e II, e 37)".[2]

Tem o Poder Judiciário "por função precípua interpretar e aplicar a lei nos dissídios surgidos entre os cidadãos ou entre os cidadãos e o Estado. Nem toda a função jurisdicional está entregue ao Poder Judiciário... O que caracteriza o Judiciário como um dos Poderes do Estado é sua autonomia na esfera da competência que a Constituição lhe atribui".[3]

Em verdade, prevalece uma interpenetração de funções – o que não significa confusão ou absorção de funções –, daí resultando uma efetiva impossibilidade de estabelecer uma rígida separação entre legislação e atividade judicante. Há, entre estas duas atividades estatais, uma *real interpenetração*. Por isto, afirma com razão Alípio Silveira que "*boas leis, sem bons Juízes, de pouco valerão*".[4]

A questão está, pois, em determinar *o que significa ser bom Juiz*. Por outras palavras, como há de proceder o Juiz para que, como entende Puig Brutau, a jurisprudência dos tribunais realize a missão de fazer progredir o Direito, adaptando a ordem jurídica formulada à evolução das circunstâncias?[5]

Como deverá proceder o Juiz para que possa adequadamente compor os litígios emergentes da vida intersubjetiva, isto é, como haverá de concorrer à sua pacificação e à normal evolução da sociedade? Em que medida sua concepção da vida e do direito irão influenciar o exercício de suas funções? Qual a metodologia

---

[2] PONTES DE MIRANDA. *Comentários à Constituição de 1967, com a Emenda nº 1, de 1969*. 2ª ed. rev. São Paulo: Rev. dos Tribunais, 1973. t. 3, p. 563.

[3] AZAMBUJA, Darcy. *Teoria Geral do Estado*. 17ª ed. Porto Alegre: Ed. Globo, 1978. p. 200-1.

[4] SILVEIRA, Alípio. A Reelaboração das Leis por Obra dos Tribunais. *Revista de Processo*, São Paulo, 4 (13):17, jan.mar., 1979. O grifo é nosso.

[5] PUIG BRUTAU, José. *La Jurisprudencia como Fuente del Derecho, Interpretación Creadora y Arbitrio Judicial*. Barcelona: Bosch, 1951. p. 232.

apta a torná-la socialmente útil e eficaz na composição dos conflitos? Na busca de solução a essas questões, é decisiva a formação jurídica e geral do magistrado. Se não se pode admitir que o Juiz decida segundo critérios de justiça pessoais, distanciados do Direito positivo, dos princípios gerais de justiça, das exigências do caso concreto e do sentimento comum prevalente entre seus concidadãos, não pode o Juiz, de outro lado, despir-se de sua individualidade ao julgar. No desempenho de sua função, não deixa de ser homem e nem pode abandonar sua formação pessoal.

Tais indagações estão a demonstrar que não se admite possa a atuação do Juiz ser conformada à de um autômato que nada mais faria do que buscar a regra que literalmente pareça aplicável ao caso que lhe é submetido. Deve perquirir, necessariamente, a motivação subjacente à norma, ou normas jurídicas, que despontam como potencialmente capazes de dirimir a contenda, seja ela sobre um caso particular ou demande uma apreciação *in abstracto*.[6]

Entendemos que o Juiz precisa examinar os *interesses e realidades humanas em questão*, ao invés de se encastelar "no céu dos conceitos jurídicos", figurado na célebre fantasia de von Jhering.[7] Na verdade, como afirma esse mesmo jurista, no *Espírito do Direito Romano*,

---

[6] "O Poder Judiciário é que julga. Julgando, aplica as leis... É preciso que haja contenda, pleito, e que a solução não fique sujeita à apreciação de outro poder como tal. Portanto, que *se julgue*. Quem julga não tem iniciativa, ou, pelo menos, só excepcionalmente a tem. Mas não é certo que o Poder Judiciário só se pronuncia em casos particulares. É, também, a regra; sem que se afaste a hipótese de poder a Justiça apreciar *in abstracto*, como se dá nos casos de cassação e de *prejulgados*: são teses o que em tais espécies se examina." PONTES DE MIRANDA. *Comentários à Constituição de 1967 com a Emenda nº 1, de 1969*. t. 3, p. 563.

[7] VON JHERING, Rudolf. "El Cielo de los Conceptos Jurídicos", In: *Bromas Y veras, en la Jurisprudencia (Scherz und Ernst in der Jurisprudenz)*. Trad. por Thomas A. Banzhaf. Buenos Aires: Europa-América, 1974. p. 281-355.

"a vida não existe para os conceitos, mas os conceitos para a vida".[8]

2. Tripartição de poderes e o poder criativo do juiz

Isto conduz o raciocínio à indagação concernente ao poder criativo de normas jurídicas por parte dos Juízes e dos tribunais. A simples colocação da questão costuma unir, em clamorosa negativa, expressivo número de advogados, órgãos do Ministério Público, professores das Faculdades de Direito, não faltando mesmo muitos Juízes a vir-lhes engrossar a turba e a censura. Pois não são três os Poderes do Estado e não dissera Montesquieu que entre eles deve haver *separação*?

Em realidade, percucientes análises do pensamento de Montesquieu, dentre elas as procedidas por Eisenmann e Althusser, demonstraram cabalmente que não estabeleceu ele uma rígida separação dos Poderes do Estado, mas *combinação, fusão, ligação dos Poderes*.[9] Althusser declara o quanto deve aos artigos de Eisenmann, no sentido do afastamento da "ilusão histórica" de que tivesse Montesquieu consagrado a separação dos Poderes.[10] Há, segundo Eisenmann, um mito da separação dos Poderes cultivado por vários juristas nos Séculos XIX e XX, de onde se criou "um modelo teórico, puramente imaginário".[11]

O texto de Montesquieu efetivamente revela que há interferência do Executivo no Legislativo, por meio do

---

[8] VON JHERING, Rudolf. *L'Esprit du Droit Romain*. Trad. de O. de Meulenaere. 3ª ed. rev. cor. Paris: Lib. A. Maresq, 1886. V. 4, & 69, p. 311.

[9] ALTHUSSER, Louis. *Montesquieu, A Política e a História* (Montesquieu, La Politique et l'Histoire). Trad. de Luz Cary e Luísa Costa. Lisboa: Ed. Presença, 1972. p. 132.

[10] EISENMANN, Ch. *L'Esprit des Lois et la Séparation des Pouvoirs* (Mélanges Carré de Malberg, Paris, 1933), p. 190 e s. *La Pensée Constitutionnelle de Montesquieu*", Recueil Sirey, p. 133-160, cf. ALTHUSSER, Louis, *op. cit.*, p. 129.

[11] *Ibid.*

direito de veto; revela, ademais, "que o Legislativo pode, em certa medida, exercer um direito de vigilância sobre o Executivo, pois controla a aplicação das leis que votou e, sem que se trate de 'responsabilidade ministerial', pode pedir contas aos Ministros perante o Parlamento"; transparece *que o Legislativo interfere seriamente no Judiciário*, pois, em três circunstâncias particulares, se erige em Tribunal: "Em todas as matérias, os nobres, cuja dignidade é necessário proteger de todo o contato com as opiniões dos magistrados populares, serão julgados pelos seus pares da Câmara Alta: 'Os grandes estão sempre expostos à inveja; e se fossem julgados pelo povo, poderiam correr perigo e não gozariam do privilégio que tem o menor dos cidadãos num Estado livre, o de ser julgado pelos seus pares. É preciso, portanto, que os nobres sejam chamados não perante os tribunais ordinários da nação, mas diante dessa parte do Poder Legislativo composta de nobres'; em matéria de anistia, quando a lei fosse demasiado rigorosa, competindo à autoridade suprema (do legislativo) moderar a lei, em benefício da própria lei... e, em matéria de processos políticos, que deveriam ser julgados perante o Tribunal da Câmara Alta, sob a acusação da Câmara Baixa." (*L'Esprit des Lois*, XI, 6)

Nessas condições, adverte Althusser, "*não se percebe muito bem como conciliar semelhantes e tão importantes interferências dos Poderes com a pretendida pureza de sua separação*".[12]

Demais, seria conveniente às partes, que não são criaturas de ficção, mas pessoas, que os Juízes aceitassem conformar-se ao papel que lhes assinalava Montesquieu, ao escrever que não são mais do que "a boca que pronuncia as palavras da lei, os seres inanimados que não lhe podem moderar nem a força, nem o rigor..."?[13]

---

[12] LOUIS ALTHUSSER, *op. cit.*, p. 130-2. O grifo é nosso.

[13] "*Mais les juges de la nation ne sont, comme nous avons dit, que la bouche que prononce les paroles de la loi; des êtres inanimés qui n'en peuvent modérer ni la*

Ou, ainda, seria aceitável que os Juízes, no desempenho de suas relevantes funções, admitissem, como afirmou Montesquieu, que dos três Poderes "o de julgar é de algum modo nulo"?[14] Tal postura, evidentemente, não se compadece com a índole da atividade judicante. A sua acrítica aceitação conduz ao seu esvaziamento, integrando um discurso ideológico que não resiste a um confronto com aquilo que o Judiciário efetivamente realiza e muito menos com reclamos e aspirações populares, ou com os dados mais clamorosos da situação histórica em que nos achamos inseridos.

3. A Assembléia Constituinte francesa e o "référé législatif"

Esse modelo teórico foi tentado de forma conseqüente, como adverte Charles Eisenmann, uma única vez nos tempos modernos. Tendo em vista a realização do *sistema puro*, a Assembléia Constituinte francesa instituiu o *référé législatif*, "isto é, de modo geral, a obrigação traçada aos Juízes de pedir ao próprio legislador a interpretação das disposições legislativas obscuras ou incertas".[15] Observa François Gény que o *référé législatif* ou é facultativo, ou obrigatório, pelo primeiro autorizando-se os Juízes a dirigir-se ao Legislativo para aclarar dúvidas sobre o texto legal, enquanto, pelo segundo, se lhes determinava que se dirigissem ao Legislativo para que este determinasse o sentido do texto legal,

---

force ni la rigueur". Montesquieu. De l'Esprit des Lois. In: *Oeuvres Complètes*. Préf. de Georges Vedel. Présentation et notes de Daniel Oster. Paris: Seuil, 1964. livre XI, chap. 6, p. 589.

[14] "*Des trois puissances dont nous avons parlé, celle de juger est en quelque façon nulle*". MONTESQUIEU, *op. cit.*, livre XI, chap. 6, p. 588.

[15] EISENMANN, Charles. Le Juriste et le Droit Naturel. In: *Annales de Philosophie Politique*, v. 3. Paris: Presses Universitaires de France, 1959. p. 217, nota 1.

quando se revelasse um conflito flagrante entre autoridades judiciárias diversas sobre uma mesma questão de direito, a evidenciar a existência de uma lacuna no sistema legal, em consonância com o Decreto de 27 de novembro – 1º-12-1790, relativo à criação do Tribunal de Cassação.[16] Criou-se, por essa forma, o Tribunal de Cassação que, "embora dotado de poder jurisdicional, não pertencia ao Judiciário, mas constituía- -se em anexo ao corpo legislativo, espécie de prolongamento do Poder Legislativo, com a função de fiscalizar a aplicação das leis e cassar toda sentença que, na opinião do Tribunal, deixasse de as acatar. A jurisdição do Tribunal de Cassação estava, porém, limitada por uma proibição absoluta, a de entrar no mérito dos casos *sub judice*".[17]

4. O Jusnaturalismo e a Escola da Exegese

Semelhante atitude doutrinária era compreensível no século passado quando "se generalizava a técnica das codificações, inspirada pela idéia central do 'jusnaturalismo' ou 'jusracionalismo', dominante nos Séculos XVII e XVIII".[18]

Roscoe Pound assim traduz essa atitude doutrinária: firmara-se a convicção de que o "jurista, mediante um simples esforço da razão, poderia forjar um código perfeito, a ser aplicado mecanicamente pelos Juízes, como se se tratasse da sabedoria jurídica definitiva".[19]

---

[16] GENY, François. *Méthode d'Interprétation et Sources en Droit Privé Positif.* Préf. de Raymond Saleilles. 2ª éd. rev. et mise au courant. Paris: Librairie Générale de Droit et de Jurisprudence, 1919. V.1, p. 78.

[17] COELHO, Luiz Fernando. *Lógica Jurídica e Interpretação das Leis.* 2ª ed. rev. Rio: Forense, 1981. p. 193.

[18] MATA-MACHADO, Edgar de Godoi da. *Elementos de Teoria Geral do Direito.* Belo Horizonte: Vega, 1972. p. 100.

[19] POUND, Roscoe. *Las Grandes Tendencias del Pensamiento Jurídico.* Trad. José Puig Brutau. Barcelona: Ed. Ariel, 1950, p. 21, cf.MATA-MACHADO, *op. cit.*, p. 100.

Nesta perspectiva, elaboraram-se os primeiros grandes códigos modernos ao mesmo tempo em que se verificava o triunfo do constitucionalismo.

São dessa época, os Códigos prussiano e bávaro, que inauguram a era das codificações, cujo esplendor vai verificar-se com o Código Civil francês, promulgado em 1804, cuja influência em boa parte do mundo, durante o Século XIX, foi marcante.

No Século XVIII, diversos Estados da América do Norte formularam as primeiras constituições escritas da época moderna. No fim deste século, o constitucionalismo atinge sua culminância com a Constituição dos Estados Unidos da América (1797) e a Constituição Francesa (1791).[20]

Do prestígio do *jus scriptum* resultou a circunscrição de quase toda a atividade do jurista à análise técnica das normas legislativas contidas nas constituições e nos códigos. Tal redução da atividade do jurista bem se exprime na *Escola da Exegese*, nascida em França, após o Código de Napoleão, entre os cultores do Direito Civil.

Da *Escola da Exegese* disse Bonnecase que seu primeiro traço distintivo "é o *culto do texto da lei*, ou melhor, o culto da lei em substituição ao culto do direito". Deviam os juristas partir do texto do Código de Napoleão e acantonar-se rigorosamente no seu domínio de ação. O sistema, por inteiro, encontra-se na seguinte frase de Bugnet: "Eu não conheço o Direito Civil, eu não ensino senão o Código de Napoleão."

No mesmo sentido, no apogeu dessa escola, escreveu Laurent: "Os códigos nada deixam ao arbítrio do intérprete; *este já não tem a missão de fazer o direito, o direito está feito; não existe incerteza;* o direito está escrito

---

[20] "O jusnaturalismo de fundo racionalista dominante nos Séculos XVII e XVIII estimula o movimento favorável à legislação. Era a idéia de que, a partir de princípios racionais imutáveis, permanentes, se poderia deduzir todo o código de normas que regeriam a sociedade e a conduziriam na direção do progresso." MATA-MACHADO, *op. cit.*, p. 233.

nos textos autênticos. Mas, para que os códigos apresentem esta vantagem, *é preciso que os autores e os magistrados aceitem sua nova posição. Diria mesmo que se devem resignar a ela*... A conseqüência é evidente: fazendo o direito, os juristas e os magistrados usurpariam o poder que dessa atribuição se investiu a nação soberana."

E Demolombe, por seu turno, declarava sua profissão de fé nestes termos: *os textos antes de tudo!*...[21]

Tal postura doutrinária, para ser eficaz e reproduzir-se, não poderia deixar de ter a sua contraparte no ensino jurídico. Neste sentido, o *doyen* Aubry, em seu discurso pronunciado por ocasião da reabertura do curso da Faculdade de Direito de Strasbourg, em 1857, dizia: "A missão dos professores chamados a exercer, em nome do Estado, o ensino jurídico, é a de protestar, com moderação, sem dúvida, mas, também, com firmeza, contra toda inovação que tenda a substituir-se à vontade do legislador".[22]

Percebe-se como a doutrina "oficial" encontrava sua forma de defesa e de reprodução no ensino jurídico, mediante esse protesto moderado, mas firme, contra toda inovação que tendesse a modificar a vontade do legislador.

É evidente que o perfil doutrinário da Escola da Exegese só se pode explicar historicamente.[23] É que, com a queda do feudalismo, "a burguesia, que utilizou o jusnaturalismo racionalista como direito de insurreição, para abater a ordem jurídica feudal, vai abandonar, então, o jusnaturalismo *tout court*, para esposar a sua própria versão do *sub lege libertas*". O ideal que empolga-

---

[21] BONNECASE, Julien. *Introducion à l'Étude du Droit*. 2ª éd. rev. aug. Paris: Recueil Sirey, 1931. p. 180-1. O grifo é nosso.

[22] *Ibid.*, p. 184.

[23] "Sem perspectiva histórica não há realidade: nada há de novo a conhecer. Tudo se dilui no já conhecido, numa perspectiva abstrata do saber, que não leva a nada." CHAGAS, Wilson. "Temas do nosso Tempo", *In*: *Conhecimento do Brasil (e outros Ensaios)*. Rio: Paz e Terra, 1972. p. 57. O grifo é nosso.

ra a Revolução Francesa já detivera o próprio impulso, exprimindo-se a nova estruturação de forças sociais por meio de "um código-paradigma da nova estrutura social".[24].

A burguesia, cristalizando sua visão do mundo, no Código de Napoleão, perde o ímpeto revolucionário. Inverte-se sua posição no processo social, passando a querer preservar suas conquistas sedimentadas na lei positiva. Daí a necessidade de atentar, antes de tudo, *à intenção do legislador*, afirmando-se ser o Estado a fonte única e o fundamento único do direito, sendo o método exclusivo o dedutivo, dogmático.

Ao sistema fechado do Direito positivo, em que se cristalizaram a visão do mundo e as prerrogativas de uma classe social interessada em manter sua vitória, haveria de corresponder o *sistema hermenêutico cerrado, sem brechas, em que nada ficava ao arbítrio do Juiz, não lhe restando, por conseguinte, nada a criar.*

5. O Positivismo e a lei injusta

Representa, pois, a Escola da Exegese o espelho de uma época e de uma situação histórica bem definida. Representa ela o passado. A realidade dramática de nosso tempo não se pode compadecer com seu reducionismo hermenêutico. *É preciso, hoje, rejeitar, afastar o exegetismo e todas as demais expressões do positivismo jurídico*, na medida em que, preconizando a mera subsunção da lei, no trabalho de aplicação, *a bem dizer, nega a hermenêutica.*

Todavia, a Escola da Exegese não conseguiu deter as mudanças que a vida demandava, terminando por vencer seus pressupostos teóricos que tinham cunho

---
[24] LYRA FILHO, Roberto. *Para um Direito sem Dogmas.* Porto Alegre: Fabris, 1980. p. 22.

nitidamente ideológico. É o que refere o insigne jurista suíço Du Pasquier: a jurisprudência, "sob a aparência de uma estrita observância legal, havia, na realidade, sempre mantido o contato com a vida e, de maneira tão hábil quanto sábia, soubera, por meio de uma interpretação bastante larga, agregar ao velho tronco da legislação as instituições necessárias ao tempo presente".[25]

A rejeição do positivismo jurídico e da ideologia que o anima *não importa em negar-se as leis ou o dever de obediência que lhes deve o Juiz.* O problema e o processo hermenêutico põem-se porque existem leis a serem aplicadas aos fatos da vida. Pretender que o Juiz tenha certa latitude de apreciação e de criação do direito não importa em admitir o arbítrio judicial. Todavia, o afastamento do positivismo jurídico permite admitir-se a existência de *leis injustas.* Segundo a ótica positivista, a simples afirmação de sua existência é uma proposição impossível, uma vez que, por definição, a atitude positivista exclui o ajuizamento das leis.

Pode a lei ser injusta por ignorar as demandas sociais, como podem os contornos específicos de certos fatos resistir – pena de injustiça – a seu enquadramento legal. É a normal evolução da vida que vem a causar esse eventual desajuste entre os fatos e as leis, desafiando as previsões legais e os Juízes, aos quais cabe, por excelência, resolver satisfatoriamente tais aporias.

Pergunta-se Coing *até que ponto pode o Juiz decidir contra a lei,* denominando a essa indagação de direito judicial valorativo. A situação põe-se quando, "em um caso particular, o Direito positivo e a justiça entram em irredutível contradição". Tal é o que sucede quando existe *"uma norma de Direito positivo precisamente para o caso dado,* mas essa norma é em si mesma injusta...",

---

[25] PERREAU, E. H. *Technique de la Jurisprudence en Droit Privé.* Paris,1923, tome I, p. 29 et suiv., cf.Du PASQUIER, Claude. *Introduction à la Théorie Générale et à la Philosophie du Droit.* 4ª éd. aug. mise à jour. Neuchâtel: Delachaux & Niestlé, 1967. p. 193-4.

sendo, pois, impossível realizar *the justice under law*. "Torna-se necessário escolher entre o Direito positivo e a justiça".[26]

Coing recoloca a questão nos seguintes termos: trata-se de "saber se o Juiz pode decidir o caso contra a lei em questão e segundo as exigências da justiça material, criando direito contrário ao Direito positivo". Entende ser a resposta afirmativa e fundada nos princípios do direito natural que exige a realização da justiça material e, entre os deveres do Juiz, confere a primazia à necessidade de decidir em conformidade com a justiça. Adverte, no entanto, que daí não decorre "deva pôr incondicionalmente a justiça pessoal acima da justiça vinculada". Em vista do que coloca limites ao direito judicial, redutíveis a três pontos:

1. deve o Juiz examinar se a norma jurídica não é defensável sob qualquer ponto de vista de justiça, mesmo que não o tenha tido em conta o legislador;
2. não tem o Juiz obrigação de desobedecer à lei a menos que descanse ela em considerações de arbitrariedade;
3. deve o Juiz limitar-se ao caso presente.[27]

Referindo-se à arbitrariedade, é impossível não lembrar-se, inclusive pelo muito que toca à hermenêutica, o extraordinário escrito de *Gustav Radbruch*, no pós-guerra, em que reformulou seus pontos de vista relativistas anteriores, face aos terríveis sucessos do III Reich.[28]

---

[26] COING, Helmut. *Fundamentos de Filosofía del Derecho* (Grundzüge der Rechtsphilosophie). Trad. por Juan Manuel Mauri. Barcelona: Ariel, 1961. p. 252. O grifo é nosso.

[27] *Ibid.*, p. 261-4.

[28] RADBRUCH, Gustav. *Arbitrariedad Legal y Derecho Supra Legal* (Gesetzliches Umrechs und Übergesetzliches Recht), Trad. de Maria Isabel Azareto de Vásquez. Buenos Aires: Abeledo-Perrot, 1962; ——. *Leyes que no son derecho y derecho por encima de las leyes*. In: *Derecho Injusto y Derecho Nulo*. Madrid: Aguilar, 1971. p. 3-22.

Resulta impossível admitir-se a preponderância da subjetividade do Juiz em face do problema suscitado pela lei injusta, quer para ajuizá-la quanto para solver o problema por ela posto. É inadmissível admitir-se que se transite da injustiça da lei ao infundado arbítrio judicial, sem avançar na solução dessa aporia.

6. A lei injusta e a eqüidade

Releva, a este propósito, notar a certeira observação de Aristóteles, segundo a qual "as diferentes prescrições legais acham-se, quanto às ações que prescrevem, na mesma relação existente entre o universal e os casos particulares: com efeito, as ações realizadas são múltiplas, enquanto cada uma dessas prescrições é uma, por ser universal".[29]

É manifesta a correlação entre essa observação, concernente ao caráter universal da norma e a multiplicidade de fatos por ela previstos, e a moderna concepção de fato-tipo (*fattispecie*), suporte fático (*tatbestand*), a que correspondem, com maior ou menor precisão, inúmeros fatos concretos na experiência social.

A complexidade do trabalho de interpretação e aplicação do direito deriva precisamente da universalidade da norma (abstrata) e da infinita variedade dos fatos (concretos) da vida. *É a razão por que os logicismos jamais poderão legitimamente impor seu domínio sobre o direito.* Com efeito, é de absoluta falta de razoabilidade a tentativa de reduzir a aplicação do direito a uma operação de lógica formal que se pudesse esgotar em uma construção silogística.

Por isto, concebeu Aristóteles a eqüidade, de que *Vinogradoff* nos dá judiciosa síntese: "Dada a generalida-

---

[29] ARISTOTE. *Éthique à Nicomaque*. Nouv. trad. avec introd., notes et index par J. Tricot. 2ª éd. Paris: Librairie Philosophique J. Vrin, 1967. 1135a,10/252.

de das normas jurídicas e as circunstâncias particulares de cada caso concreto, resulta impossível, por exceder as potencialidades da inteligência humana, estabelecer antecipadamente normas adequadas a todas as variações e complicações futuras. Necessita o direito, em conseqüência, do *suplemento da eqüidade (epieikeia)*; há que existir um poder de adaptação capaz de assegurar flexibilidade ao processo jurídico, ditando, por vezes, decisões contrárias a todo Direito formalmente elaborado e como tal reconhecido, que, no entanto, resultem intrinsecamente justas".[30]

Como se vê, a via da eqüidade mostra-se propícia à solução prática do problema ensejado pela *lei injusta*, com as cautelas preconizadas por Coing.[31]

A experiência da vida e a prática judiciária estão a demonstrar a impossibilidade de aprisionar em textos legais – pena de cair-se infrutiferamente no *casuísmo* – a infinita variedade e imprevisibilidade da vida.[32]

Do *casuísmo* resulta a inflação legislativa, o cipoal legal, de que advém a insegurança na aferição dos direitos e dos deveres, e de que, ao cabo, apenas se beneficiam os pescadores de águas turvas.

Devendo-se, no trabalho de interpretação e aplicação do Direito, desde logo reconhecer que deve o Juiz obediência à lei, é preciso, por outra parte, admitir-se que nessa obediência não se inclui, *por não se poder incluir*, "a tarefa de individualização, que, sendo imanente ao Judiciário, não pode caber de forma nenhuma ao Legislativo".[33]

Vem, a propósito, a sintética e lúcida observação de *François Rigaux*, segundo a qual, se deve o Juiz obediên-

---

[30] VINOGRADOFF, Paul. *Introducción al Derecho* (Common sense in law), México: Fondo de cultura económica, 1957. p. 149-50. O grifo é nosso.

[31] COING, Helmut, *op. cit.*, acima, nota 26.

[32] DU PASQUIER, Claude, *op. cit.*, p. 183-4.

[33] RECASÉNS SICHES, Luís. *Tratado General de Filosofia del Derecho*. 3ª ed. México: Porrúa, 1965. p. 655.

cia à lei, contém esta o que o Juiz nela pôs.[34] *A referência é nitidamente ao poder criativo dos Juízes e tribunais.*

Não pode o Juiz – a menos que professe o positivismo jurídico-filosófico – abrir mão das potencialidades criativas de seu trabalho, *capazes de influenciar substantivamente a evolução social*, esquecendo-se de que, como bem lembrava Cornil, *a função do legislador serve à necessidade de estabilidade das relações sociais e a do Juiz à necessidade não menos imperiosa de mobilidade das relações sociais.*[35]

Para que possa o Juiz exercer essa insubstituível tarefa, é preciso ter em mente alguns pontos que, ao menos em parte, defluem do que até aqui foi exposto.

7. Sugestões de algumas coordenadas ao raciocínio judiciário

Entre o que foi dito e o que resta a dizer, avultam os pontos que destacarei a seguir.

a) *Não há separação* de Poderes no pensamento de Montesquieu, não havendo, em conseqüência, uma rígida separação entre os Poderes Legislativo e Judiciário, de modo a fazer deste simples repetidor acrítico das palavras da lei, sem qualquer poder criativo.

b) É necessário rejeitar e afastar os pressupostos positivistas do raciocínio jurídico, uma vez que levam ao empobrecimento da função judicante, negando implicitamente a interpretação criadora do Direito, que a vida impõe e reclama, sendo, por isto mesmo, contrariados pela prática quotidiana do Poder Judiciário.

c) É necessário afastar-se do vício do conceptualismo ou do analitismo desvinculados da realidade – derivados do positivismo – na certeza de que, sendo a

---

[34] RIGAUX, François. *La Nature du Contrôle de la Cour de Cassation.* Bruxelles: 1966. nº 73.

[35] CORNIL, Georges. *Le Droit Privé, Essai de Sociologie Juridique Simplifiée.* Paris: Giard, 1924. p. 69-70, cf. DU PASQUIER, Claude, *op. cit.*, p. 193.

linguagem vulgar e jurídica conceituais, devem os conceitos de que se servem satisfazer necessidades humanas, ao invés de obscurecê-las, terminando por negá-las.

É preciso evitar o vezo persistente de se apresentar as doutrinas e teorias jurídicas desligadas de suas condicionantes sociais e políticas, para que não apareçam como puras construções do espírito entre as quais é difícil escolher.[36]

Neste sentido, pondera Luís Recaséns Siches que o problema de decidir se uma norma é, ou não, aplicável a determinado caso concreto não se pode resolver por meio de processos de lógica dedutiva. Não se trata de "extrair, por via de inferência, conclusões de determinados conceitos jurídicos. Pelo contrário, o problema só encontra solução ponderando, compreendendo e estimando os resultados práticos que a aplicação da norma produziria em determinadas situações reais".[37]

É preciso afastar a "mania logicista" e as "jurisprudências conceituais" que esquecem que "uma norma jurídica é um pedaço de vida humana objetivada, que, enquanto esteja vigente, é revivida de modo atual pelas pessoas que a cumprem ou aplicam, e que, ao ser revivida, deve experimentar modificações para ajustar-se às novas realidades em que e para que é revivida".[38]

Kirchmann, a quem se deve o mais famoso ataque contra a ciência do Direito, enunciado em conferência de 1847, já atacava frontalmente o conceptualismo, afirmando que *"é demasiado tentador cultivar um campo pelo qual a grande massa não possa seguir-nos, em que luza resplandecente o brilho da erudição, em que saibamos que os resultados mais absurdos não poderão ser refutados pelo senso*

---

[36] MIAILLE, Michel. Les Figures de la Modernité dans la Science Juridique Universitaire. *In:* Bourjol, Maurice *et alii. Pour une Critique du Droit.* Grenoble: François Maspero, 1978. p. 114.

[37] RECASÉNS SICHES, Luís. *Nueva Filosofia de la Interpretación del Derecho.* 2ª ed. aum. México: Porrúa, 1973. p. 265.

[38] *Ibid.*, p. 275-6.

comum".[39] Em lugar das sutilezas artificialmente construídas pelos "cientistas do Direito", Kirchmann encarece a necessidade de procurar-se apreender e exprimir nas sentenças o *"sentido do direito que vive no povo"*, pois, *"na medida em que este faça ouvir sua voz, o direito se realizará de forma pura e autêntica"*.[40] Significativamente, essa parte do ataque de Kirchmann, que prima pela fecundidade e oportunidade, é praticamente desconhecida.

d) a rejeição do positivismo jurídico permitirá que se veja o direito *como processo dentro do processo histórico global*, isto é, intimamente ligado a interesses humanos, que surgem na história, e às forças sociais que se encontram à sua origem, a um tempo influindo e sofrendo a influência dessas forças.

Dessa rejeição, decorrerá o afastamento de toda e qualquer concepção tendente a ver o direito como *ser em si*, constituído de normas e conceitos que se autoexplicariam, *afastando-se, em aparência*, dos fatos deste mundo. Tal pretensão, dita *neutra*, é, na verdade, alienante, orientando-se por uma ideologia que, no fundo, outra coisa não pretende além da manutenção do *statu quo*, ainda que possa ele ser, ou efetivamente seja, insustentável.

Ao revés, vendo-se o direito como um ingrediente essencial da vida sociocultural, *historicamente situado*, podem-se desvendar os interesses e ideologias à sua base e os objetivos que visam (estes) a realizar. E apreender-se-á, sem dúvida, sua vinculação com a política, de modo geral, e com os dados econômicos emergentes no jogo político ou dele propositadamente subtraídos.

e) Por este caminho, haver-se-á de evitar os excessos da lógica formal – *dado que a lógica é sempre instrumen-*

---

[39] VON KIRCHMANN, J. H. *La Jurisprudencia no es Ciencia*. Trad. de Antônio Truyol y Serra. 2ª ed. con una nota adicional. Madrid: Instituto de Estudios Políticos, 1961. p. 44. O grifo é nosso.

[40] *Ibid.*, p. 74. O grifo é nosso.

tal de tal ou qual concepção – abrindo-se o caminho para a consideração da eqüidade, da argumentação, desvelando-se *os reais interesses em questão*, porque é preciso ter a coragem de optar.

A interpretação dos textos legais e dos fatos faz-se em conformidade com a concepção que se tenha do direito, *expressa, implícita ou propositadamente oculta*. É preciso deixar claro que o *processo hermenêutico sofre decisiva influência de uma idéia prévia que o intérprete tenha do direito, da vida e dos interesses em questão*.

Quem tiver uma concepção positivista do direito nada mais verá no direito do que a lei. Identificará mesmo direito e lei. Então, tudo se torna singelo. Sendo a *lei injusta*, por *falta de critério do legislador ou por revelar-se inadequado às exigências do caso concreto (são duas as hipóteses)*, cause bem ou mal-estar social sua aplicação, tudo isto será irrelevante ao mecanismo a presidir o raciocínio do intérprete. Por essa forma, exime-se o Juiz de toda responsabilidade: *aplicando a lei, julgará ter cumprido seu dever*. Tal postura poderá eventualmente ser-lhe apaziguante, evitando o incômodo da dúvida. Mas os destinatários da interpretação e conseqüente aplicação ver-se-ão frustrados em suas expectativas, o que é sempre mau para a estabilidade da ordem jurídica.

f) Nessa perspectiva, é necessário distinguir dois planos de validade das normas jurídicas: *a validade formal e a intrínseca*, vale dizer, é preciso estabelecer um constante "trânsito" lógico-axiológico no raciocínio jurídico, de modo geral, e, na interpretação das leis, de modo particular.

É preciso convir que é impossível estudar as estruturas jurídicas – as leis e os conceitos jurídicos e sua organização no ordenamento jurídico – cingindo-se a um *estudo lógico, analítico-descritivo*, sem que se procure fazer-lhes a crítica, aferindo-lhes o significado, vale dizer, sem sua *simultânea consideração crítico-valorativa*.

Impõe-se uma ligação, uma ponte, entre estes dois discursos que tantas vezes têm andado separados, conforme nota Reale: "...a atitude positivista, no seu afã de objetividade estrita, levava o jurista a exacerbar o culto dos textos legais, com *progressiva perda de contato com a realidade histórica e os valores ideais*... o aparelhamento conceitual passou a valer em si e por si, *esterilizando-se em esquemas fixos, enquanto a vida prosseguia*, sofrendo aceleradas mutações em seus centros de interesse."[41]

Essa gaguez, por que se tem expressado esse perturbador divórcio teorético, como se houvesse um direito para o jurista e um outro para o filósofo, persistente em larga medida em nosso tempo.

É preciso, ademais, ter em conta que a lei deve conter o direito, mas pode dele distanciar-se. É possível mesmo, como sucedeu no nacional-socialismo, utilizar-se da lei para estabelecer a arbitrariedade legal, conforme haveria de constatar e explicitar Radbruch, no após-guerra.[42]

Faz-se imperiosa *a mudança do enfoque das questões jurídicas*, de modo a integrar ao invés de cindir o discurso jurídico, caminhando no sentido de uma perspectiva de totalização – único caminho capaz de oferecer uma solução convincente ao problema ontológico do Direito, cujas conseqüências práticas são da maior relevância.

Como observa José Eduardo Faria, "não se trata de desprezar o conhecimento jurídico especializado". Trata-se, isto sim, de conciliá-lo com um saber genético sobre a produção, a função e as condições de aplicação do Direito "positivo", o que "exige uma reflexão multidisciplinar capaz de desvendar as relações sociais subjacentes às normas e às relações jurídicas...".[43]

---

[41] REALE, Miguel. Teoria *Tridimensional do Direito*. São Paulo: Saraiva, 1968. p. 14-5. O grifo é nosso.
[42] RADBRUCH, Gustav, *op. cit.*, acima, nota 28.
[43] FARIA, José Eduardo. *A Reforma do Ensino Jurídico*. Porto Alegre: Fabris, 1987. p. 38-9.

Parte II

Dogmática Jurídica e ensino do Direito

Discutir o ensino jurídico importa necessariamente em perquirir a índole da investigação realizada pela Dogmática Jurídica, tendo em vista a relevância e extensão que aquele lhe confere, ao ponto de Haesaert ponderar que o ensino jurídico praticamente a ela se limita.[44]

A Dogmática Jurídica, a que Mata-Machado prefere designar como *ciência empírica do Direito positivo*, concentra seus "esforços de generalização e sistematização sobre o que poderíamos chamar o *Direito positivo nacional e histórico*, isto é, as regras emanadas do poder competente, em espaço e tempo determinados".[45]

A Dogmática Jurídica ou Ciência Jurídica Positiva tem por "objeto a regra positiva, considerada como um dado real",[46] sendo esse o *"dogma* com que trabalha o jurista".[47]

A Dogmática Jurídica apresenta em comum com a Teoria Geral do Direito, que "quer estabelecer o objeto comum aos diversos sistemas jurídicos", a circunstância de que ambas só se ocupam do Direito positivo.[48]

---

[44] HAESAERT, J. *"Théorie Générale du Droit"*, Bruxelles: Bruylant; Paris: Sirey, 1948. p. 20.

[45] MATA-MACHADO, Edgar de Godoi da. *"Elementos de Teoria Geral do Direito"*, Belo Horizonte: Vega, 1972. p. 119 e 143.

[46] HAESAERT, *op. cit.*, p. 20.

[47] MATA-MACHADO, *op. cit.*, p. 119.

[48] Ibid., p. 143.

O estudo dogmático do Direito compreende o conhecimento das regras positivas, de sua organização e hierarquia, de seus conceitos fundamentais e princípios orientadores, buscando a determinação de seu significado atual, tendo em vista a sua aplicação a determinado contexto social.

A enunciação de seu objeto evidencia sua importância, de vez que é impossível resolver qualquer problema jurídico prático sem o seu adequado conhecimento, justificando-se, por essa forma, a extensão que lhe confere o ensino jurídico.

Todavia, o reconhecimento de sua relevância não importa em subscrever a orientação positivista que lhe é normalmente assinalada, de graves conseqüências sobre a *concepção do Direito* e sérias projeções sociais.

Há de se lembrar a sábia afirmativa de Ehrlich, segundo a qual o centro de gravidade do desenvolvimento do Direito, hoje, como em qualquer tempo, se situa na sociedade.[49] Efetivamente, não pode o trabalho da Dogmática Jurídica ou Ciência Jurídica Positiva ser desligado da sociedade, a menos que, em nome de uma pretensa cientificidade, se aceite que deva girar sobre seu próprio eixo, afastando-se, dessa forma, da realidade mesma em função de que precisamente existe e se deve realizar. Assim se procedendo, embora se diga que se age em nome da "cientificidade" da Ciência do Direito, opera-se a sua manipulação ideológica.

Por ideologia, entende-se "o pensamento teórico que julga desenvolver-se abstratamente sobre seus próprios dados, que é em verdade expressão de fatos sociais, particularmente de fatos econômicos, dos quais aquele que a constrói não tem consciência, ou, ao menos, não se dá conta de que eles determinam seu pensamento".[50] Em conseqüência da intromissão ideológica, no

---

[49] EHRLICH, Eugen. *I Fondamenti della Sociologia del diritto* (Grundlegung der Soziologie des Rechts). Trad. per Alberto Febbrajo. Milano: Giuffrè, 1976. p. 3.

[50] LALANDE, André. *Vocabulaire Technique et Critique de la Philosophie*. 10. éd. rev. aug. Paris: *Presses universitaires de France*, 1969. p. 459.

trato dogmático do Direito, perdem-se os contornos sociais sobre que precisa assentar esse trabalho, esquecendo-se dos problemas humanos concretos que o originam. Resulta a consideração do Direito positivo como um *ser em si*, pontilhado pelo formalismo e pelas sutilezas conceituais cultivadas com esmero tanto maior quanto mais se distancia do quadro social real.

É essa a perspectiva positivista – o positivismo jurídico – que quer conhecer só o Direito que é, de modo assepticamente purista, num reducionismo gnosiológico que termina por mutilar o Direito, na medida em que nega os valores, considerando-os metajurídicos, suprimindo, deste modo, a inarredável instância crítica, sem a qual não há progresso jurídico possível. Mutila-se, em conseqüência, a mesma realidade ontológica do Direito, dividindo-a em múltiplas perspectivas, deixando entrever a *existência isolada* de um Direito para o jurista, outro para o filósofo do Direito, outro para o sociólogo e, ainda, outro para o historiador do Direito, cada um descrevendo um discurso próprio, de certa forma, inaudível pelos demais.

Essa cisão operada no discurso jurídico, que se quer realizada em nome da "cientificidade da Ciência Jurídica", é insustentável e se acha em absoluto descompasso com a moderna investigação científica voltada ao campo social.

Dela resulta a compartimentação do conhecimento do Direito, de modo a separar sua realidade lógica, ocupada com a "ciência das normas", de sua dimensão axiológica e de suas projeções sociais. Impede-se, assim, a articulação do discurso jurídico, tolhendo-se o indispensável "trânsito" lógico-axiológico que deve orientá-lo. Essa injustificável divisão do conhecimento do Direito não tem como sustentar-se e só se mantém porque o ensino jurídico a veicula e se reproduz. Começa por ser desmentida pela mesma estrutura jurídica das normas jurídicas de conduta, em cuja hipótese legal não se enunciam simples juízos de natureza hipotética, uma vez que nesses juízos se acham implícitos valores a serem resguardados, conforme a lição de Miguel Reale.[51] O que, assim, se pretende, efetivamente, é o que se sucede, é *induzir o jurista*, por persistente e insidiosa formação, *à suspensão* ou *à não-enunciação do juízo a respeito das instituições*. Ao jurista, diz-se, compete o conhecimento lógico das instituições e, ao filósofo, sua valorização, cada um em sua esfera própria de labor assim predeterminado.

Segundo esse modelo, de inspiração positivista, se preconiza uma metodologia que *abstrai os interesses em questão*, impedindo-se a aferição de seu valor e, em conseqüência, de sua escolha. O trabalho do jurista esgotar-se-ia na análise das estruturas do Direito positivo, mediante um pensar circunscrito às categorias do Direito positivo. Além seria o trabalho dos filósofos ou sociólogos do Direito, que, a bem dizer, não fariam parte da comunidade dos juristas. A estes caberia de modo exclusivo a valorização das instituições e a explicitação de suas interações com a sociedade. Como o trabalho propriamente jurídico já teria sido realizado pelos juristas, e para ele não pudessem concorrer os filósofos e sociólogos do Direito, resulta difícil perceber, neste modelo cuja cientificidade pretende fundar-se no traçado destes rígidos limites, a que propósito serviria o trabalho destes últimos.

Com o positivismo, conforme assinala Radbruch, essa divisão se transmuta em oposição, declarando-se "incientífica" toda a contemplação valorativa, e os espíritos procuram, conscientemente, limitar-se à investigação empírica do Direito existente. O lugar da Filosofia do Direito passa a ser ocupado pela Teoria Geral do Direito (*Allgemeine Rechtslehre*), e esta passa a repre-

---
[51] REALE, Miguel. *Lições Preliminares de Direito*. São Paulo: José Bushatsky, 1974. p. 111-12.

sentar o andar mais elevado e o mais recentemente construído da Ciência Positiva do Direito.[52]

Por esta forma, na ótica positivista, se restringe o conhecimento do jurista à análise formal e à dinâmica interna das normas produzidas e garantidas pelo aparelho estatal. A aferição de sua legitimidade ou justiça se lhe torna defesa, uma vez que constituem questões alheias à "Ciência do Direito", suscetíveis de serem consideradas, por certo, mas além dos limites propriamente "científicos" do Direito. Resulta irrelevante ao jurista perguntar-se se, da aplicação das normas jurídicas, advém bem-estar ou malefício social ou se a fonte que as produz é legítima ou ilegítima. Cumpre-se e esgota-se o trabalho do jurista mediante o estudo e o arranjo lógico-formal das leis e conceitos jurídicos, harmonizando-os e hierarquizando-os na ordem jurídica. Tratando-se da aplicação do Direito, cumpre e esgota o Juiz seu papel mediante uma operação lógico-dedutiva em que se subsumem os fatos nas normas, segundo uma mecânica implacável. Tal metodologia, malgrado sua pretensão à cientificidade constitui perigoso ingrediente da desagregação social, na medida em que tolhe a progressiva adaptação jurisprudencial do Direito às necessidades históricas progressivamente configuradas. As sutilezas dessa lógica conceitualmente cultivada não são compreendidas pelo povo, que dela se sente excluído, encarando-a, à distância, com crescente perplexidade.

A Dogmática Jurídica, assim descarnada, torna-se a-histórica e liquida com a vida mesma do Direito. A não ser pela inércia de um discurso ideológico secularmente veiculado pelas Faculdades de Direito, e, em conseqüência, reproduzido em grande parte da literatura jurídica, não há por que pretender circunscrever a investigação

---

[52] RADBRUCH, Gustav. *Filosofia do Direito*. Trad. e pref. de L. Cabral de Moncada. 4. ed. rev. e ampl. Coimbra: Armênio Amado, 1961. v.1, p. 83.

realizada pela Dogmática Jurídica à enunciação de "puros" juízos de constatação a propósito das instituições, rigidamente separadas de quaisquer outras indagações a elas referentes. Por esse caminho, chega-se a um reducionismo logicista e formalista que busca construir uma ciência jurídica tão perfeita que termina por não dever satisfação à vida e aos dramas humanos.

Embora se reconhecendo que o trabalho efetuado pela Dogmática Jurídica deva ser predominantemente lógico-descritivo, não se lhe pode recusar uma dimensão histórico-crítica, que é, aliás, nitidamente perceptível na marcha da jurisprudência, como evidencia Haesaert, cuja lição recolhemos e temos reproduzido.[53]

Aparentemente, o jurista "dogmático" realizaria uma tarefa de mera descrição das normas jurídico-positivas, de cujo círculo não poderia sair. Sucede, no entanto, que, para fixar a significação atual das normas, há de seguir a evolução doutrinária e jurisprudencial de sua interpretação. Ora, seguir a evolução jurisprudencial é seguir a experiência histórica por que passam as normas, que não é, nunca foi, e jamais será *neutra*. Tampouco, como o demonstra a experiência, será necessariamente lógica, ou poderá afastar as opções, vale dizer, as *valorações* perceptíveis em seu curso, por meio do tempo. Esse o sentido da famosa afirmativa de Holmes, segundo a qual "a vida do Direito não tem sido lógica, mas experiência".[54] Percebe-se, portanto, que o conhecimento propiciado pela Dogmática Jurídica, apesar das insistentes afirmações contrárias, se visto adequadamente, não será, assim, tão asséptico e distanciado da realidade social como pretendem os partidários de hermetismo jurídico.

---

[53] HAESAERT, J. *Théorie Générale du Droit*, p. 20. Cf.. Azevedo, Plauto Faraco de. *Justiça distributiva e aplicação do Direito*. Porto Alegre: Fabris, 1983. p. 112-6; ———. *Crítica à Dogmática e Hermenêutica Jurídica*. Porto Alegre: Fabris, 1989. p. 27-32.

[54] HOLMES, Oliver Wendell. *The Common Law*. Boston: Little Brown, 1963. p. 5.

Não se podendo limitar a Dogmática Jurídica aos juízos de constatação, deve o jurista, ao revés, a partir da acurada análise das instituições, aferir o grau, de seu afeiçoamento às necessidades sociais, em função de que precisamente, nos sistemas romanistas, são prepostas as normas positivas que constituem seu objeto. Conseqüentemente, ainda que sem a latitude crítica da Filosofia do Direito, como é natural, é inconteste a necessidade de valorizar o jurista as instituições e prefigurar seus efeitos sociais, tanto quando opera em nível doutrinário quanto, *a fortiori*, quando opera como aplicador do Direito.

Não é possível esquecer que as regras jurídicas exprimem juízos de valor sobre as diversas situações que visam a reger e que a evolução cultural *lato sensu* sofre decisiva influência do Direito, que pode conferir-lhe a estabilidade necessária, sobre que se apóia o progresso social, ou uma rigidez excessiva incompatível com aquele.[55] É indispensável, no trato do Direito, explicitar as valorizações orientadoras da elaboração legal, refazendo-as, ao comentar ou aplicar a lei, uma vez que a lei não pode ser vista como "uma proposição válida em si e por si, como sucede, por exemplo, com as proposições da lógica ou da matemática...".[56]

Assim como não pode a Dogmática Jurídica desconsiderar ou esquecer sua dimensão histórico-crítica, de que precisamente deriva seu significado social, não se pode, segundo o modelo positivista, pretender que compreenda todo o campo de estudo relevante ao jurista.

É o que observa corretamente Elías Díaz, escrevendo que "não se entende plenamente o mundo jurídico se o sistema normativo (Ciência do Direito) se insula e separa da realidade em que nasce e à que se aplica

---

[55] AZEVEDO, Plauto Faraco de. *Limites e Justificação do poder do Estado*. Petrópolis: Vozes, 1979. p. 16 e 19.

[56] RECASÉNS SICHES, Luís. *Nueva Filosofia de la Interpretación del Derecho*. 2. ed. aum. México: Porrúa, 1973. p. 263.

(Sociologia do Direito) e do sistema de legitimidade que o inspira e deve sempre possibilitar e favorecer sua própria crítica racional (Filosofia do Direito). *Uma compreensão totalizadora da realidade jurídica exige a complementaridade, ou melhor, a recíproca e mútua interdependência e integração dessas três perspectivas ou dimensões que cabe diferenciar ao falar do Direito: perspectiva científico-normativa, sociológica e filosófica.*[57]

É tão-só mediante essa junção de perspectivas que se pode chegar a uma compreensão integrada do Direito, evitando-se a injustificável cisão entre teoria e prática jurídica ou entre Ciência e Filosofia ou Sociologia do Direito, que tão comumente o ensino jurídico monotonamente reproduz, alimentando um autêntico diálogo de surdos entre os cultores dessas três faces complementares da realidade jurídica.

É por esse caminho que se deve buscar *a recuperação do sentido do discurso jurídico*, de modo a situá-lo dentro do processo histórico global, frente às necessidades e aos anseios humanos, podendo-se apreender todas as suas manifestações, e não apenas algumas previamente eleitas e determinadas. Por essa forma, sem discriminar nenhuma de suas abordagens e respeitando-se a índole de cada uma, pode-se conceber o Direito de modo integrado, mediante a utilização de cada uma das perspectivas complementares por que se tem realizado seu estudo e investigação.

No que tange à Dogmática Jurídica e aos seus efeitos na aplicação do Direito, é preciso urgentemente superar o reducionismo logicista em que se acha imersa, uma vez que, como pondera Elías Díaz, não pode o *pensar dogmático* converter-se em um pensar necessariamente antiinvestigador do Direito, isto é, não-reelaborador do Direito, cingindo-se à repetição de fórmulas

---

[57] DÍAZ, Elías. *Sociologia y Filosofia del Derecho*. Madrid: Taurus, 1976. p. 54. O grifo é nosso.

(normas) mecanicamente aplicadas por meio de meras subsunções silogístico-dedutivas.[58]

A relevância da Dogmática Jurídica a torna um pressuposto necessário a qualquer reflexão válida sobre o ensino jurídico.

---
[58] Ibid., p. 77.

Parte III

Do método jurídico: reflexões em torno de François Gény

Com a vitória do constitucionalismo escrito, na segunda metade do século XVIII, e com o surgimento das grandes codificações, iniciadas com o Código Civil francês de 1804, instaura-se o predomínio da lei como fonte do Direito, com as características derivadas do processo histórico e das idéias políticas da época.

Como houvessem as Cortes de Justiça (*Parlements*) resistido aos reis da França, recusando-se a registrar atos destes que consideravam contrários às "leis fundamentais" (não-escritas) do Reino, a Revolução Francesa viu o Judiciário com olhos suspicazes, tratando de enfraquecê-lo nos diversos regimes que se seguiram à Constituição de 1791. Neste sentido, alude Afonso Arinos de Melo Franco a seu caráter decididamente antijudiciário.[59]

No mesmo sentido, afirma George Vedel, e o demonstra com abundância de detalhes que "a resistência dos corpos judiciários ao poder real e às reformas que ele entendia promover foi uma das principais causas do imobilismo que terminou por provocar a Revolução (Francesa). Como a ação dos Parlamentos houvesse minado a autoridade real, impedindo o Estado de transformar-se dentro da legalidade, os revolucionários

---

[59] FRANCO, Afonso Arinos de Melo. Minha Evolução para o Parlamentarismo. *Revista de Ciência Política*, Rio de Janeiro, 27(2): 4, ago. 1984.

aprenderam a lição, tornando-se uma espécie de dogma para eles o enfraquecimento do Poder Judiciário.[60]

Compreende-se, nestas condições, que a Revolução Francesa, inspirando-se em Montesquieu,[61] tivesse buscado subordinar o Juiz inteiramente à lei. "Por outra parte, J. J. Rosseau, fazendo da *vontade geral* a coluna mestra de seu Estado ideal, havia inspirado o culto da lei." À sua vez, o Código Civil de 1804 foi considerado pelos juristas como "monumento total e definitivo, que abolia o costume, e de que, doravante, deveria o Juiz ser o intérprete dócil e respeitoso".[62]

Esta maneira de ver o Código Civil de 1804 acha-se em consonância com o interesse da burguesia, que ascendeu como classe vencedora da Revolução e que, cristalizando sua visão de mundo no Código de Napoleão, arrefeceu seu ímpeto revolucionário. Em conseqüência, inverte-se sua posição no processo social, passando a querer preservar suas conquistas sedimentadas na lei positiva. Esta evolução da burguesia, da utilização do jusnaturalismo racionalista, como direito de insurreição, para acomodar-se no processo histórico e digerir suas conquistas, foi eloqüentemente observada por Roberto Lyra Filho: "A *libertas*, ontologicamente concebida, no plano individualista, cai *sub lege* sem temores, porque já tem, a seu favor, a máquina de fabricar leis. Vem, portanto, a ênfase na *lex*, com a liberdade atada à ordem legal (*law and order*) do Estado capitalista."[63]

---

[60] VEDEL, George. *Droit Administratif*. Paris: Presses Universitaires de France, 1958. tomo 1, p. 37-8.

[61] "*Des trois puissances dont nous avons parlé, celle de juger est en quelque façon nulle; mais les juges de la nations ne sont, comme nous avons dit, que la bouche qui prononce les paroles de la loi...; des êtres inanimés qui n'en peuvent modérer ni la force ni la rigueur.*" Montesquieu. De l'esprit des lois. In: *Oevres complètes*. Préf. de George Vedel. Présentation et notes de Daniel Oster. Paris: Seuil, 1964. p. 588-9.

[62] DU PASQUIER, Claude. *Introduction à la Théorie Générale et à la Philosophie du Droit*. 4 éd. aug. mise à jour. Neuchâtel: Delachaux & Niestlé, 1967. p. 190, nº 204.

[63] LYRA FILHO, Roberto. *Para um Direito sem Dogmas*. Porto Alegre: Fabris, 1980. p. 22.

Mas não foi somente da mudança do vetor histórico burguês que derivou o entusiasmo suscitado pela lei escrita, a que se haveria de ligar o processo legislativo como atribuição fundamental do Estado moderno. É que a Revolução Francesa advogou "a necessidade de um Direito único para a totalidade da nação. Anteriormente, havia um Direito que resolvia os problemas locais, assim como havia um Direito de classes, um para a plebe e outro para a nobreza e o clero, com revoltantes desigualdades. Com a Revolução Francesa, por conseguinte, surge uma realidade histórica de cuja importância muitas vezes nos olvidamos: o *Direito nacional*, um Direito único para cada nação, Direito este *perante o qual todos são iguais*. O princípio da igualdade perante a lei pressupõe um outro: o da existência de um único Direito para todos que habitam num mesmo território". Em conseqüência, "o Direito tornou-se certo para todos e de indagação lógica e segura".[64]

Representou, pois, a igualdade formal perante a lei indiscutível progresso na evolução das idéias jurídicas, que não pode ser menosprezado, embora não se possa, por isto, pretender que a evolução do Direito nela deva deter-se, por ter atingido seu cume. Ao contrário, reconhecendo-se o valor desta etapa, que permanece como gloriosa aquisição da Revolução Francesa, há de se lutar, a partir dela, pela progressiva consecução da igualdade real ou material dos homens perante o Direito. Neste sentido, a formalização dos interesses, ideologicamente concebida como forma de ocultamento do real, há de ser decididamente rejeitada. Elías Díaz, aludindo à deformação ideológica produzida pelas tendências formalistas (jurídicas, ou não), observa que, por este caminho, se produz "uma ruptura entre o conceito e a realidade, ou melhor, a ficção de uma redução da segunda ao primei-

---

[64] REALE, Miguel. *Lições Preliminares de Direito*. São Paulo: José Bushatsky, 1974. p. 170.

ro, considerado, ao cabo, como a única ou principal realidade. Perde-se de vista, no formalismo, a verdadeira conexão idéia-realidade e pretendem-se conhecer as construções mentais (as normas jurídicas, em nosso caso) separadas ou independentemente da realidade social que as produz". Com esta deformação ideológica, o que "se pretende, consciente ou inconscientemente, é não tocar neste mundo real – nesta sociedade assim estruturada –, mas reformá-la somente um pouco mais além do nível dos conceitos".[65]

Esta é a perspectiva de nosso tempo, em que dispomos de instrumentos de análise e reflexão capazes de permitir que se afira o significado do formalismo e de sua relação com o jogo ideológico e em que a importância e função social do Poder Judiciário, aliada à defasagem de importantes setores da ordem jurídica, suplantados pela celeridade do fluxo histórico, estão a reclamar um perfil de magistrado absolutamente incompatível com o modelo proposto por Montesquieu. É clara, hoje, a necessidade de um corpo de Juízes capazes de aliar o conhecimento da técnica jurídica, em seus diferentes meandros, à sensibilidade histórica capaz de permitir-lhes o prudente exercício do poder criativo imanente à função judicial, de modo a afeiçoarem a legislação, freqüentemente concebida em diversa ótica histórica, às cambiantes necessidades dos homens em um quadro de inusitada transformação e de graves problemas sociais.

Bem diversa era a época em que viveu e escreveu François Gény. Do prestígio do *jus scriptum* resultou a circunscrição de quase toda a atividade do jurista à análise técnica das normas legislativas contidas nas leis e nos Códigos. Tal redução da atividade do jurista bem se exprime na Escola da Exegese, em França, onde

---

[65] DÍAZ, Elías. "Ideologia y Derecho: para una Crítica de la Cultura Jurídica de la Sociedad Burguesa". In: *Legalidad-Legitimidad en el Socialismo Democrático*". Madrid: Civitas, 1978. p. 189-90.

Demolombe, um de seus corifeus, proclamava sua profissão de fé nestes termos: *Os textos antes de tudo.* Já Laurent proclamava estar o Direito escrito nos textos autênticos, não havendo, pois, margem à incerteza, uma vez que os Códigos nada deixavam ao arbítrio do intérprete, que, proclama este jurista, devia resignar-se a esta nova posição.[66] Como bem observa Reale, a concentração da atenção nos elementos conceituais ou lógico-formais do Direito foi possível porque havia "uma suposta correspondência entre a infra-estrutura social e o sistema de normas vigentes". Por esta forma, a tarefa da Filosofia do Direito, "atinente à indagação da tábua dos valores que fundamentam a ordem jurídica positiva, já era dada como resolvida e concordemente implícita no Direito Positivo". Esta situação perdurou até o fim do século passado, quando "se começou a perceber que havia poderosas razões de conflito entre os fatos e os Códigos"... E a volta das indagações jusfilosóficas deu-se precisamente pela via da hermenêutica jurídica. Efetivamente, "foi por meio dos debates sobre a teoria geral da interpretação que as inquietações filosófico-jurídicas penetraram nos redutos da Ciência Jurídica, fazendo com que viessem à tona ou, por outras palavras, que se elevassem à plena consciência teórica os pressupostos que jaziam subentendidos na jurisprudência conceitual".[67]

Neste sentido, observa Du Pasquier que, a partir dos últimos anos do século XIX, continuando ao longo do século XX e estendendo-se até nossos dias, nota-se "uma reação, por vezes muito viva, contra o método tradicional e a predominância exclusiva da lei. Denunciou-se o abuso de intelectualismo e dos processos

---

[66] BONNECASE, Julien. *Introduction à l'Étude du Droit.* 2 éd., rev. aug. Paris: Recueil, 1931. p. 181; AZEVEDO, Plauto Faraco de. Juiz e Direito. Rumo a uma Hermenêutica Material. *AJURIS*, Porto Alegre, 15(43):35-37, jul. 1988.

[67] REALE, Miguel. *Teoria Tridimensional do Direito.* São Paulo: Saraiva, 1968. p. 16-8.

lógicos na interpretação do Direito, criticando-o (o método tradicional) por criar uma atmosfera asfixiante, fechando as janelas à vida. Sustentou-se que o rígido legalismo e as sutilezas das construções jurídicas conduziam à procrastinação ou injustiça dos julgamentos; parafraseou-se o velho adágio: *Summum jus, summa injuria*. Opôs-se a evolução da sociedade à imobilidade da lei, o dinamismo da vida real à ciência empoirada e livresca".[68]

Neste labor de revalorização do método tradicional, teve papel destacado François Gény, em França, atraindo a atenção dos juristas para este problema, em 1899, com a publicação de sua obra magistral *Método de Interpretação e Fontes no Direito Privado Positivo*. Gény não foi um revolucionário,[69] mas um desbravador, colocando-se seu pensamento como verdadeiro divisor de águas entre duas épocas na hermenêutica jurídica: a do predomínio absoluto do método tradicional e a das novas tendências metodológicas, para as quais o labor deste jurista de certa forma franqueou o caminho.

Gény discernia, nos vinte e cinco anos anteriores à publicação de sua *Ciência e Técnica no Direito Privado Positivo*, em 1913, uma mudança profunda "no modo de encarar as coisas do Direito", conduzindo, no despontar do século XX, ao surgimento e a algum progresso de "uma nova metodologia de sua elaboração". De modo sintético, assim traduzia os grandes traços desta evolução: "De formal e passivo que foi ou tendia a ser, o método jurídico tornou-se crítico e ativo, de tal sorte que, aquilo que primitivamente não era senão pouco mais do que uma *interpretação das fontes*, tende a se transformar em *interpretação do Direito*." Parecia-lhe que o esforço principal, às vezes mesmo exclusivo dos juristas do século XIX, buscando obter dos modos de expressão do

---

[68] DU PASQUIER, Claude, *op. cit.*, p. 191, nº 205.

[69] *Ibid.*, p. 191-2, nº 206.

Direito, notadamente do mais formal dentre eles – "a lei escrita tomada como manifestação de uma vontade coativa" –, tudo o que fosse possível dela extrair, chegara "ao termo extremo de seus resultados possíveis". Era preciso, por isto, "a fim de alcançar o progresso necessário, buscar, atrás do invólucro formal do texto legal, a realidade de que este não era senão o símbolo, aceitando uma noção mais objetiva e viva da lei escrita, ou admitindo, a seu lado, fontes menos formais e mais plásticas – o costume, a jurisprudência ou, ainda, dirigir-se mais acima, buscando penetrar a essência própria da verdade jurídica..."

A tendência crítica se lhe afigurava como o mínimo a ser concedido, como resultado incontestável, à nova metodologia, que havia sido retardada por certas doutrinas de Direito Público, dentre as quais a separação dos Poderes, embora depois houvesse encontrado grandes adeptos dentre os publicistas, dentre os quais nomeia Hauriou, Michoud, Berthélemy, Duguit e Jèze. Discernia nessa renovação jurídica a necessidade incontestável "de alargar o horizonte dos juristas até a procura de uma justiça superior, que permaneça humana por seu contato com as realidades do meio social, ao qual precisa adaptar-se, justiça essa que, no entanto, paira muito acima dos modos de sua expressão contingente".

Vislumbrava, nessa direção, o desgaste da distinção entre doutrina, jurisprudência e legislação que, se permanecia indispensável à aplicação prática do Direito, não admitia estabelecer entre elas divisões estanques, separando os respectivos domínios, de modo a torná-los reciprocamente impenetráveis. "O senso crítico e realista dos juristas" os havia conduzido, desprezando oposições sistemáticas, a admitir e mesmo a acentuar "a influência das decisões judiciárias sobre a interpretação dogmática".

Se, neste quadro geral que traçava, não deixava de perceber hesitações e resistências, devidas à tenacidade dos hábitos estabelecidos, o mestre de Nancy estava convencido que, de modo geral, o quadro jurídico se alargava, caracterizando um *desideratum*, "familiar aos juristas franceses das novas gerações", de encontro do Direito do passado com o do futuro.[70] Convencido da insuficiência da metodologia jurídica prevalente em sua época, concentrou seu esforço em sua revalorização, ao mesmo tempo em que sistematizou as novas tendências *críticas*, que se esboçavam a este respeito, evidenciando as contribuições de juristas de variada procedência e suas ramificações na literatura jurídica de vários países.

Buscando aferir o significado dessas novas tendências, assinalava que se dirigiam no sentido do "alargamento das fontes e abrandamento dos princípios do Direito Positivo", identificando o ponto de encontro do trabalho dos juristas, que por elas propugnavam, "na rejeição franca e definitiva da ilusão de que a lei escrita contivesse todo o Direito Positivo em vigor". Daí decorriam duas conseqüências capazes de resistir a toda objeção séria: a primeira consistia na impossibilidade de "rejeitar *a priori* todo modo de expressão do Direito Positivo (fonte no sentido amplo deste termo) que não consistisse em uma fórmula legal"; da segunda decorria ser "ilegítimo, e de todo modo absolutamente vão, pretender tão-só por meio da lógica fecundar os princípios contidos na lei escrita, de modo a adaptá-la, a qualquer custo, à solução de todos os conflitos jurídicos". Destes pressupostos advinha a necessidade de "buscar um princípio ou um conjunto de princípios, fora e acima da lei, capaz de suprir-lhe as lacunas".[71]

Permanece, pois, claro que o pensamento do mestre francês não se coaduna de modo algum com a tendência positivista da Dogmática Jurídica, ainda hoje prevalente.

---

[70] GENY, François. *Science et Technique en Droit Privé Positif.* Paris: Recueil Sirey, 1913. v.1, p. 25-8.

[71] *Ibid.*, p. 37-9.

Nesta ótica, a perspectiva dogmática abrangeria *de modo exclusivo o Direito*, tornando-se irrelevantes, para *fins práticos*, as demais perspectivas ou dimensões do Direito, notadamente aquelas referentes à Filosofia e à Sociologia do Direito. Embora não sejam estas negadas explicitamente, terminam por ser consideradas como meros ornamentos da realidade dogmática imperialisticamente concebida, logo, sem utilidade real, pois se considera que o *único trabalho* realizado pelo jurista é o trabalho técnico-jurídico, isto é, o trabalho de conhecimento e aplicação do Direito Positivo, independentemente da valorização de seu conteúdo e da aferição dos efeitos de sua aplicação. A restrição gnosiológica de *conhecer exclusivamente o Direito como é* invalida o concurso das demais perspectivas jurídicas ao trabalho de interpretação e aplicação do Direito, que, dessa forma, se torna presa de um mecanismo lógico-silogístico, que, buscando a segurança jurídica, sujeita a aplicação do Direito a todos os azares e surpresas, tolhendo o exercício do poder criativo do Juiz e apequenando-lhe a função. Cumpre a todo custo transcender a concepção positivista da Dogmática Jurídica, ligando o esquema legal a seus fundamentos e aferindo seus efeitos, segundo uma concepção totalizadora do Direito, em que diferentes perspectivas se encontrem *complementarmente* mostrando sua mútua *interdependência*.[72]

Assim, o trabalho realizado pela Dogmática Jurídica poderá ter na devida conta sua dimensão histórico-crítica, de que precisamente deriva seu significado social, ao invés de limitar-se aos juízos de constatação, atitude incompatível com o progresso jurídico e indiferente às necessidades sociais.[73] Não é absolutamente

---

[72] DÍAZ, Elías. *Sociologia y Filosofia del Derecho*. Madrid: Taurus, 1976. p. 54.

[73] AZEVEDO, Plauto Faraco de. *Crítica à Dogmática e Hermenêutica Jurídica*. Porto Alegre: Fabris, 1989. p. 11-32; ——. *Justiça Distributiva e Aplicação do Direito*. Porto Alegre: Fabris, 1983. p. 109-116; ——. Juiz e Direito: Rumo a uma Hermenêutica Material. AJURIS, Porto Alegre, 15(43):30-45, jul. 1988; ——. Dogmática Penal e Estado. AJURIS, Porto Alegre, 16(46):71-76, jul. 1989; ——. Dogmática Jurídica e Ensino do Direito. AJURIS, Porto Alegre, 17(49): 207-213, jul. 1990.

compatível com a função social da Dogmática Jurídica o reducionismo logicista em que se acha imersa.

Resta, pois, absolutamente evidente que estas observações se encontram em perfeita consonância com o pensamento de François Gény, na medida em que advertia ser inútil pretender adaptar, a qualquer custo, os princípios do Direito Positivo, a todas as hipóteses ocorrentes, por meio de procedimentos lógicos. A lógica, sobre ser instrumental de toda e qualquer concepção jurídica, que desempenha o papel prevalente na aplicação do Direito, tem seus limites, franqueados os quais se patenteia, ao lado da logicidade de seus procedimentos, a ilogicidade dos seus resultados e sua inconveniência social. O Direito não tem caráter especulativo. As normas jurídicas respondem a fins práticos, derivados da convivência social, que não podem ser negados impunemente pela lógica formal.

Volvendo ao pensamento de François Gény, constata-se que recusava tratar das fontes do Direito isoladas dos demais dados históricos. Observando que as pesquisas precedentes, relativas ao método jurídico, consagravam a primazia às fontes formais, notadamente à lei escrita, assinalava ser, não obstante, "claro que, não sendo elas senão modos *contingentes* de expressão de uma realidade *permanente*, as fontes devem subordinar-se a esta realidade". Pelo que preconizava a necessidade de penetrar na própria vida do Direito Positivo, "recolocando-o no seio do mundo social de que é um elemento integrante".[74]

Por outra parte, percebia e anotava que, na trilha desse novo pensamento, os estudos jurídicos tinham-se aproximado, em França, dos de ordem econômica e social. Mas a fecundidade dessa aproximação, por lógica e natural que fosse, fora, infelizmente, entravada pelo

---

[74] GENY, François, *op. cit.* acima, nota 70, p. 41.

jogo de uma especialização, cuja demasia lhe parecia estar a reclamar o necessário corretivo.[75] Deve-se observar que esta lamentável cisão, reclamada pela epistemologia jurídica positivista, não fez senão acentuar-se com o passar do tempo. Arrimada no notável progresso das ciências físico-matemáticas e suas resultantes tecnológicas, desembocou, no plano político, na tecnoburocracia, mediante a crescente especialização dos papéis sociais, a tal ponto que o *técnico* supostamente não só sabe, como seu saber se apresenta como excludente do saber dos *não-técnicos*. Por outra parte, o conhecimento técnico cada vez mais se especializa, dificultando a ultrapassagem de um setor do conhecimento a outro, ainda que proximamente interligados e interdependentes, atomizando, por essa forma, a realidade. O técnico, treinado para conhecer e exercer seu mister, carece e rejeita a visão do conjunto dos misteres e do todo social, para cuja apreensão não está preparado e, por isto, recusa. Satisfaz-se com o exercício de sua tarefa limitada, ao mesmo tempo em que se exime de ajuizar o que a ela não pertence e, dessa forma, se torna irresponsável por tudo que a transcenda. É essa a ideologia tecnocrática, embora se apresente como não-ideologia.[76] Por detrás do acúmulo de especialidades, ocultam-se, em nome da racionalidade e "neutralidade" científicas, as questões relativas ao sentido da técnica, das especializações e conseqüências que engendra, postas de lado pelo afastamento do senso crítico indispensável à sua aferição dentro de uma moldura global do conhecimento, inserida na sociedade como um todo, sem cisões ideologicamente concebidas.

No que tange especificamente ao Direito, tem razão Miaille ao afirmar que a hiperespecialização conduz à

---

[75] *Ibid.*, p. 32-3, nota 5.

[76] MIAILLE, Michel. Les Figures de la Modernité dans la Science Juridique Universitaire. *In*: Bourjol, Maurice *et alii. Pour une Critique du Droit*. Grenoble: François Maspero-Presses Universitaires, 1978. p. 15, nota 22.

inconsistência do pensamento jurídico, por deixar de suscitar questões de método que são questões de fundo, levando à morte da cultura jurídica, precisamente por supor esta o espírito crítico.[77]

A esse respeito, já em 1899, escrevia Gény que, não fazia muito tempo, aquilo que se convencionara chamar o *grande público* entendia, de modo geral, que "os estudos jurídicos, pela sua própria índole, haveriam de se encaminhar a uma rotina desoladora, encerrados nos limites de uma escolástica estreita, que constituiria seu método único e necessário; do que não poderia surgir senão uma casuística fria e estéril, construída sobre fórmulas impenetráveis ao comum dos homens, indispensável, talvez, à vida prática da humanidade, mas, seguramente, indigna do nome de ciência".

Em sentido contrário a essa idéia corrente, registrava os esforços empreendidos, nos dez anos anteriores à publicação da primeira edição de seu *Método de Interpretação e Fontes em Direito Privado Positivo*, no sentido de "mostrar que o campo de investigações aberto às pesquisas daqueles que pretendem merecer plenamente o nome de juristas era muito mais vasto do que o supunha a crítica vulgar". Contrariamente a ela, apontava "que se havia observado que, ao lado do Direito Positivo estreitamente compreendido, havia a História, a Filosofia do Direito, a Economia Política, o Direito Internacional, a Legislação no sentido amplo, ou, resumidamente, todo o conjunto das Ciências Políticas, Econômicas e Sociais".[78]

Percebe-se do texto do *Método de Interpretação e Fontes em Direito Privado Positivo* que Gény procurava

---

[77] *Ibid.*, p. 144-5.

[78] GENY, François. *Méthodes d'Interprétation et Sources en Droit Privé Positif*. Préf. de Raymond Saleilles. 2ª éd., rev. et mise au courant. Paris: Librairie Générale de Droit et de Jurisprudence, 1954. tomo 1, p. 1-2. A primeira edição dessa obra data de 1899 e a segunda, revista e atualizada, data de 1919, tendo sido reimpressa em 1954.

alargar o quadro das fontes formais do Direito, de modo a compreendê-las interligadas à vida social. Em sentido inverso, *o modelo dogmático positivista circunscreve o trabalho do jurista a puros juízos de constatação em face do Direito Positivo*, convertendo a ordem jurídica em um arranjo de princípios e exceções, cuja realidade conceitual termina por preponderar sobre a realidade social. O termo deste modelo conduz ao conceptualismo, que tanto tem desprestigiado a Dogmática Jurídica e perturbado a interpretação e aplicação do Direito.

No entanto, já em 1847, em famosa conferência, Kirchmann identificava e atacava este velho inimigo da Ciência Jurídica Positiva, antecipando-se, como assinala Truyol y Serra, às tendências antiformalistas que florescem a partir das últimas décadas do século XIX.[79] Kirchmann distingue, no conceptualismo, a tendência a olhar as instituições do passado, em detrimento do Direito do presente, observando ser "demasiado tentador cultivar um campo pelo qual a grande massa não possa seguir-nos, em que luza resplandente o brilho da erudição, em que saibamos que os resultados mais absurdos não poderão ser refutados pelo senso comum".[80] Todavia,

---

[79] "Desde los postglosadores, ha sido éste uno de los blancos predilectos de la sátira literaria. El virtuosismo logicista había celebrado precisamente uno de sus máximos triunfos en aquella jurisprudencia conceptualista (Begriffsjurisprudenz) a que, sobre las huellas de Puchta, propendieron los pandectistas germanos, y que había de provocar las sabrosas burlas de un Ihering arrepentido... En este orden de ideas, Kirchmann se anticipa a la jurispudencia finalista de la madurez de Ihering, a la jurisprudencia de intereses de Heck y, en general, a las direcciones antiformalistas que florecen a partir de las últimas décadas del siglo XIX. A la crítica del conceptualismo jurídico va unida la crítica de lo que podríamos llamar esoterismo jurídico: la hipertrofia constructiva da lugar a una jurisprudencia desvitalizada, divorciada del sentimiento jurídico popular; el saber jurídico se hace entonces patrimonio de una clase de juristas profesionales, que trabajan en el vacio." Von Kirchmann, J. H. *La Jurisprudencia no es Ciencia*. Trad. de Antonio Truyol y Serra. 2ª ed., con una nota adicional. Madrid: Instituto de Estudios Políticos, 1961. p. 19-20 (escrito preliminar do tradutor). Em conformidade com a tradição alemã, Kirchmann emprega o vocábulo *jurisprudência* com o significado de *ciência do Direito*.

[80] VON KIRCHMANN, *op. cit.* acima, p. 44.

este jogo do conceito pelo conceito, gerador do conceptualismo e do esoterismo jurídicos, em que se desvitaliza e fenece o discurso jurídico, não se explica tão-só pelo desejo de construir uma ciência erudita, cujos resultados não possam ser aferidos ou refutados pelo senso comum. O que, por esta forma, se busca é a construção de uma ciência jurídica não só refinada, mas elitista, tanto do ponto de vista de suas matrizes intelectuais quanto de sua destinação. Vale dizer, o jogo conceitual desempenha função ideológica, camuflando a realidade, substituindo-se a ela, impedindo, em suma, a confrontação da Ciência Jurídica Positiva com os interesses e problemas sociais.

No que tange ao alargamento do horizonte jurídico, que via como necessário, observa, com agudeza, Gény que a ele não se chegaria pelo simples fato de acrescerem-se novos ramos ao Direito, na medida em que se lhes atribuísse "caráter exclusivo e, de certa maneira, puramente ideal". Nessas condições, seu cultivo não poderia corrigir ou atenuar as restrições dirigidas "ao que desdenhosamente se denomina a arte jurídica, limitada à pura e simples interpretação dos textos legais". Parecia-lhe, ao revés, que a oposição entre o *Direito Positivo* e as ciências sociais, políticas e econômicas iria mostrar-se de modo mais evidente enquanto não se conseguisse transcender uma aproximação artificial entre um e outro setor, em busca de uma união efetiva e de uma recíproca interpenetração.[81] Curiosa e insistentemente ainda se pretende, na senda positivista, fundar a cientificidade do Direito, de um lado, em sua separação dos demais dados sociais, e, de outro, em sua divisão em múltiplos setores, cada um desenvolvendo um discurso independente, *entre os quais, a interpenetração é vedada*, sob pena de infringência de tal cânone científico. Em conseqüência da restrição gnosiológica pressuposta a

---

[81] GENY, François, *op. cit. acima*, nota 78, tomo 1, p. 3.

essa construção multifacetada do Direito, que limita o seu conhecimento dito científico *ao Direito que é*, chega-se ao impasse na solução do problema ontológico do Direito, uma vez que seu ser se esfarela no paralelismo e na incomunicabilidade das múltiplas perspectivas em que resulta fracionado. Essa cisão no discurso jurídico tem levado à perda do assento histórico do Direito e ao seu conseqüente descrédito. Não pode mais a epistemologia jurídica compadecer-se com a visão atomizada do Direito. Sem absolutizar ou discriminar nenhuma de suas abordagens e respeitando a índole de cada uma, deve admiti-las como complementares. Esse o caminho para que o ensino do Direito, deixando de reproduzir um modelo falido, se torne convincente e possa conduzir a uma prática jurídica profícua, por ser socialmente aceitável e compreensível.[82]

Tratando da legislação, cujo ponto culminante se configura com a *codificação*, o texto do *Método de Interpretação e Fontes no Direito Privado Positivo* coloca algumas interrogações de inquestionável pertinência e atualidade, relativas ao método jurídico: "Temos sido capazes de interpretar, não somente a lei, mas o Direito que lhe é imanente, de que a lei não é, ao cabo, senão revelação imperfeita? ... Não exageramos a missão e o poder (do legislador), limitando arbitrariamente nossas fontes de investigação ou diminuindo o papel do intérprete, seja ele cientista ou Juiz? Não temos, também, com muita freqüência, cedido à sedução de uma lógica decepcionante, para esquecer as realidades da vida e suas exigências?"

Não obstante a existência de um sistema tradicional de interpretação utilizado pelos magistrados, práticos e juristas de cujos esforços comuns havia resultado uma

---

[82] AZEVEDO, Plauto Faraco de. *Justiça Distributiva e Aplicação do Direito*, p. 109-116; ———. *Crítica à Dogmática e Hermenêutica Jurídica*, p. 25-7, 36-7.

teorização que parecia definitivamente elaborada e com as mais sensíveis ressonâncias práticas na vida jurídica, o esforço deste jurista se dirigiu no sentido do questionamento desse instrumental teórico. Sua justificativa achava-se na convicção de ser a lei "manifestamente incapaz de acompanhar com passos seguros e iguais a evolução incessante das necessidades jurídicas", do que advinha a necessidade de um outro instrumento de elaboração do Direito, que haveria de ser "um método simultaneamente amplo e flexível, cabendo à ciência definir-lhe os processos e fixar-lhe as leis".[83]

Parecia-lhe que, se esse método precisava ser aprofundado e aperfeiçoado, já se esboçava, no entanto, por diversas formas no pensamento de juristas de várias nacionalidades, mediante uma reação contra os processos tradicionais de interpretação jurídica. Para que deixasse de refletir o pensamento de uma minoria, precisava ser exposto e analisado teoricamente, visando a oferecer-lhe "uma justificação tão peremptória quanto possível".

Põe em relevo, no sentido da nova metodologia, o ardor e a energia da discordância de Rudolf von Ihering "contra os excessos das construções *a priori* e das deduções geométricas". Sublinhava ter sido este o traço capital da obra de Ihering que confessava ter, no início, seguido fiel e sinceramente a obra dos velhos mestres, vindo a sentir, posteriormente, sua insuficiência metodológica. Parece ter sido na elaboração do *Espírito do Direito Romano* que divisou um novo caminho. A partir daí, passa a denunciar decisivamente "o exagero do valor até então atribuído ao elemento lógico no Direito", fazendo ressaltar as idéias de utilidade e interesse. Proclamava, sobretudo, a importância da finalidade a atingir (*Sweck im Recht*) que deveria "ser, no lugar e espaço da lógica, o regulador supremo das instituições e

---

[83] GENY, François, *op. cit.* acima, nota 78, p. 6-7.

regras jurídicas". Ihering voltou, em várias ocasiões e a propósito de vários assuntos, à sua teoria teleológica, sendo nela perceptível um sentimento muito vivo de reação "contra o abuso de uma lógica estreita e estéril".[84] As grandes linhas do movimento de renovação metodológica, perceptíveis por ocasião da publicação do *Método de Interpretação e Fontes no Direito Privado Positivo*, na França, Bélgica, Itália e Áustria, com as conotações específicas a cada um desses países, são, ademais, descritas por Gény. Pareciam-lhe reclamar, de modo geral, uma abertura de horizontes, tendo em vista uma melhor determinação do Direito Positivo, de modo a aplicá-lo adequadamente à solução dos conflitos inter--subjetivos.

No que toca ao campo da investigação desenvolvida, explicita Gény tratar-se do "domínio do prático, do magistrado, do jurista, de todos aqueles que têm que encontrar as soluções jurídicas aplicáveis *de fato e concretamente*, não *idealmente* ou *racionalmente*, às questões advindas dos conflitos de interesses humanos". Esclarece, ainda, que considerará o método jurídico em sua aplicação ao Direito Privado, particularmente ao Direito Civil. Quanto aos demais ramos do Direito, embora a metodologia a ser-lhes aplicada suscite questões análogas àquelas que se apresentam no Direito Civil, "as soluções gerais poderiam ser influenciadas pela matéria a interpretar", o que, tratando-se, por exemplo, do Direito Penal, evidentemente sucederia.[85]

Com a clara consciência de que essas reflexões, suscitadas pelo pensamento de François Gény, estão longe de esgotá-lo, pelo que será necessário a ele voltar, espera-se, no entanto, que sirvam para estimular os juristas interessados na busca de uma metodologia mais conforme às necessidades presentes, tanto humanas

---

[84] *Ibid.*, p. 8-9, 12.
[85] *Ibid.*, p. 10-15.

quanto jurídicas. É preciso, em conformidade com o mestre de Nancy, ter presente que, "antes de tudo, o Direito Positivo deve permanecer vivo" e "viver significa mover-se e transformar-se". Para o Direito, isto significa "lutar no sentido de uma constante adaptação às exigências da vida social".[86]. Esta é a inquestionável finalidade a ser perseguida na interpretação e aplicação do Direito Positivo. Todavia, é preciso ter em vista que, para trilhar este caminho que sua autêntica destinação lhe assinala, encontra o Direito muitas resistências, algumas derivadas de uma formação jurídica unilateral e deficiente, outras oriundas da força dos interesses por ele protegidos, que, por isto, precisam ser desvelados e valorizados com prudente critério, para que suas projeções pessoais possam ser conciliadas com o interesse social. A segurança jurídica é valor fundamental do Direito, mas é sabido que não há segurança que se possa manter se não for imantada pela Justiça.

Na verdade, refletindo-se sobre o Direito Positivo brasileiro, particularmente sobre nosso Direito Privado, e sua aplicação às situações concretas, não se pode deixar de negar a surpreendente atualidade dessas ponderações feitas em 1899: "No momento atual, por exemplo, parece fazer-se sentir *a necessidade de* introduzir, em nossa organização positiva, mais fraternidade profunda, ou, como hoje se diz de bom grado, maior solidariedade social, isto é, muito simplesmente, segundo me parece, de melhor igualar as condições da luta entre as atividades rivais, de melhor assegurar uma repartição dos ganhos mais exatamente proporcionada aos esforços e necessidades de cada um, de atenuar os rigores excessivos do direito individual, tendo em vista o interesse social comum."[87]

---

[86] *Ibid.*, tomo 2, p. 225.

[87] *Ibid.*, tomo 2, p. 226.

As limitações encontráveis no pensamento de François Gény pouco importam. O que vale é a diretriz por ele traçada. Sem ele, as novas tendências metodológicas no Direito seriam dificilmente concebíveis.

Parte IV

O Poder Judiciário e a justiça social

Salienta Coing, referindo-se às idéias de Collingwood, que, no plano histórico, o homem toma suas decisões em função de situações bem determinadas, mas "é a imagem que o homem faz da situação, mais do que ela própria, que restringe sua liberdade e determina sua ação. A pesquisa desta situação leva-nos à pesquisa do pensamento do homem que agiu".[88]

Tais idéias se mostram oportunas para que se considere a incidência da ideologia na elaboração e aplicação do Direito. Resulta a regra jurídica sempre de uma decisão do legislador ou do Juiz, tendo em vista determinada situação social. Todavia, nesta decisão, o que sobreleva não são os dados diretamente decorrentes das situações consideradas, mas, sim, a imagem que um e outro delas faz, nada garantindo que ela corresponda exatamente à realidade. Ao contrário, é sempre possível que esta não seja adequadamente considerada.[89] Se o falseamento da imagem ocorrer na elaboração da lei, terá como resultado uma legislação inadequada porque em desacordo com as circunstâncias históricas vigentes, em função de que as normas jurídicas são prepostas. Se

---

[88] COLLINGWOOD. *The Idea of History*. Oxford: 1946. Cf. Coing, Helmut. Savigny et Collingwood ou: histoire et interprétation du droit. *Archives de philosophie du droit*, Paris: 6, 1959.

[89] *Ibid.*, p. 7.

sobrevier por ocasião da aplicação judicial do Direito, a decisão será insatisfatória, dado seu desajuste aos dados do litígio. Na esfera administrativa, pode ocasionar desde o desperdício dos recursos até a perda do sentido do bem comum, deslegitimando os agentes do Poder Público.

Podendo a incidência ideológica permear negativamente a atividade de qualquer dos Poderes do Estado, suas conseqüências serão variáveis, segundo o desvirtuamento subjetivo por ela produzido nas situações reais. Precisa, pois, o jurista ter consciência de sua virtual atuação, devendo adestrar-se em discerni-la. Para isto, não pode pretender ser tão-só um técnico a serviço da ordem estabelecida, indiferente ao processo histórico, conforme o papel que lhe assinala o positivismo jurídico. Conforme com esta situação, "poucos juristas se preocupam em saber a que servem; eles obedecem", como observa Michel Villey. Diz-se que "servem à ordem, à segurança; *mas, não importa a que ordem*?"[90] Ora, justamente proclamar-se indiferente em face da ordem a que obedecem, sela, desde logo, o caráter ideológico do discurso do jurista. Sua pretensa neutralidade, encobridora dos interesses protegidos ou descurados pela ordem jurídica, não o exclui, mas o denuncia.

Para os fins ora perseguidos, faz-se necessário caracterizar a ideologia, em seus grandes traços, de modo a apreender seu significado e projeções no campo do Direito. Não se pode fazê-lo sem que, implicitamente, se deixe de reconhecer o quanto o pensamento filosófico é, neste ponto, tributário das elaborações de Karl Marx. É o que se pode perceber na conceituação apresentada por Lalande, segundo a qual por ideologia "se entende o pensamento teórico que julga desenvolver-se abstrata-

---

[90] VILLEY, Michel. *Leçons d'Histoire de la Philosophie du Droit*. 2. éd. Paris: Dalloz, 1962. p. 113. O grifo é nosso.

mente sobre seus próprios dados, mas que é, em verdade, expressão de fatos sociais, particularmente de fatos econômicos, dos quais aquele que a constrói não tem consciência ou, ao menos, não se dá conta de que eles determinam seu pensamento".[91]

Edgar Morin considera a ideologia de um ângulo fecundo, buscando sua interação com a circulação das informações, cuja profusão constitui uma das características de nosso tempo. Começa por observar que "sofremos simultaneamente de subinformação e superinformação, de (sua) escassez e excesso". Seu caráter copioso impede que se medite sobre os acontecimentos que constantemente nos são relatados e logo outros tantos sobre aqueles se precipitam. Em conseqüência, produz-se uma cegueira dentro da nuvem das informações, em que as tragédias e os desastres se banalizam. "A superinformação nos submerge no informe", conduzindo à subinformação, associando-se esta, tantas vezes, à informação-ficção, tanto mais infundada quanto repetida e acreditada.[92]

Do ponto de vista da teoria da informação, o já sabido, conhecido, é irrelevante, constituindo mera redundância. Fato portador de informação é aquele "que, ou põe um termo em dúvida, ou traz algo de novo, isto é uma surpresa". Isto posto, interessa saber a relação existente entre informação e ideologia. Para isto, deve-se ter em conta que "nossa relação com o mundo exterior passa não apenas pelos mídia informacionais, mas, também, por nossos sistemas de idéias, que recebem, filtram, fazem uma triagem daquilo que os mídia nos trazem. Em relação às coisas sobre que não temos uma opinião formada, somos extremamente abertos às infor-

---

[91] LALANDE, André. *Vocabulaire Technique et Critique de la Philosophie*. 10ª ed. rev. aug. Paris: Presses Universitaires de France, 1968. p. 459.

[92] MORIN, Edgar. *Para sair do Século XX* (Pour Sortir du XXe. Siécle). Trad. por Vera Azambuja Harvey. Rio de Janeiro: Nova Fronteira, 1986. p. 23-41, onde abundantes exemplos históricos contemporâneos ilustram a exposição do tema.

mações (...). Em compensação, nos casos em que dispomos de idéias firmes e arraigadas, somos muito receptivos quanto às informações que as confirmam, mas muito desconfiados para com aquelas que as contrariam". Vale dizer, resistimos às informações que não se adaptam à nossa ideologia. "A ideologia provoca a explosão da informação... para que a informação não a faça explodir." Nesse contexto, a ideologia "é um sistema de idéias feito para controlar, acolher, rejeitar a informação".[93] Passa esta sob o crivo daquela por ser "necessária uma teoria que possa acolher a informação, isto é, que possa também contestá-la". Sendo assim, não deve a ideologia fechar-se sobre si mesma, "se não seríamos incapazes de receber a mínima lição do real e de acolher o novo (...). A virtude da informação acha-se em "sua aptidão para destruir a 'racionalização' (sistema de idéias que pretende encerrar em si o real) e criar uma racionalidade nova (novo sistema coerente que integra a informação)". Em suma, faz-se necessário um duplo controle: "Devemos aceitar que o núcleo de nossa ideologia seja submetido ao controle da informação, mas é preciso, reciprocamente, que a informação seja controlada pela racionalidade, isto é, o recurso conjunto à verificação empírica e à verificação lógica".[94]

É a partir destes dados, válidos para a teoria da informação e para o conhecimento em geral, que se pode buscar, desideologizar o pensamento. É necessário que a vontade de conhecer o que acontece seja acompanhada de um questionar-se do sujeito cognoscente, de modo a si próprio progressivamente conhecer-se. É por este caminho que se pode buscar, na medida do possível, evitar a aceitação das idéias preconcebidas ou das falsas crenças, que tudo diluem e comprometem "no já visto e etiquetado". É munido deste antídoto que se deve pro-

---

[93] *Ibid.*, p. 41-5.

[94] *Ibid.*, p. 47.

curar compreender a dinâmica da vida social, em que se insere, como seu elemento regulador, o Direito, ao mesmo tempo sobre ela influente e dela recebendo o influxo.

É necessário estudar o Direito e sua aplicação a partir das questões sociais concretas a que se refere, evitando o trato das questões independentemente do quadro histórico a que pertencem. Por esta forma, evitam-se as soluções formais, características do exercício da ciência pela ciência, reveladoras de olímpico desprezo pelas contingências humanas. Não é possível confundir a precisão conceitual, indispensável ao trato adequado dos problemas, com o culto do conceito pelo conceito, a pretexto de uma falsa cientificidade do Direito. Elías Díaz, aludindo à deformação ideológica produzida pelas tendências formalistas, observa que nelas se produz "uma ruptura entre o conceito e a realidade, ou melhor, a ficção de uma redução da segunda ao primeiro, considerado, ao cabo, como única e principal realidade". Com a deformação ideológica, quer-se, consciente ou inconscientemente, não tocar nos problemas deste mundo.[95]

Na medida em que a formação jurídica se dá segundo "o modelo dogmático-positivista", que se limita à descrição das instituições vigentes, interessando-se sobretudo pela lógica das proposições legais e dos conceitos jurídicos, não se avança na construção de um discurso jurídico capaz de conduzir à realização da justiça social. Se o jurista não tem formação ampla, multidisciplinar, de modo a conectar o jurídico com o social, de modo crítico, não pode imaginar as instituições de modo diverso daquele por que se apresentam, mostrando-se incapaz de contribuir à sua modificação quando as circunstâncias o exijam. A ordem estabeleci-

---

[95] DÍAZ, Elías. "Ideologia y Derecho; para Una Crítica de la Cultura Jurídica de la Sociedad Burguesa". In: "Legalidad-Legitimidad en el Socialismo Democrático". Madrid: Civitas, 1978. p. 189-90.

da, para manter-se, precisa adaptar-se às necessidades sociais progressivamente configuradas. É evidente que tais modificações não se realizam somente pela vontade e ação do jurista, uma vez que se acham na dependência de múltiplos fatores, dentre os quais avultam os de ordem econômica. Mas é certo, no entanto, que não serão elas, de forma alguma, favorecidas por um modelo de ciência jurídica acrítico e ultrapassado. Isto é sobremodo verdadeiro em um país, como o Brasil, em que a injustiça social é flagrante.

Nossa realidade não resiste a qualquer indagação séria do ponto de vista da justiça distributiva. Percebe-se, a olho nu, a dramática situação em que se encontra a grande maioria de nosso povo, constrangido a sobreviver sem saneamento básico, sem emprego ou no subemprego, sem moradia ou em subabitações, sem qualquer participação nos bens culturais *stricto sensu*, inacessíveis à subvida a que tem sido condenado.

Na sociedade, assim dividida, reina a discórdia, passando os homens a conspirar uns contra os outros, como já asseverava Platão,[96] de tal sorte que se perde, a cada dia que passa, o sentimento de solidariedade e de comunidade de destino indispensável à vida da nação. Demais, a moralidade pública degrada-se acentuadamente, arrastando a moralidade privada em seu naufrágio. Os crimes de toda ordem não fazem senão aumentar, desde o furto praticado pelos excluídos da partilha dos bens sociais, passando pelo seqüestro, pelo latrocínio, pelo abuso sexual de menores abandonados à senha de malfeitores e gigolôs sem entranhas, chegando ao assassinato, por motivo fútil, com requintes de frieza e crueldade.

A tudo isto não pode ficar alheio o jurista. Não é possível validamente sustentar que a Ciência Jurídica,

---
[96] PLATON. "La République". *In*: ——. *Oeuvres Complètes*. /s. I/. Gallimard,1950. V. v. 1, 1148-54, 550c-555a.

para ciência ser, não deva ter comprometimento com a busca da justiça social. É preciso distinguir a Ciência Jurídica de sua versão positivista. A Dogmática ou Ciência Jurídica, para ser eficaz, tem que assentar na sociedade. Contrariamente ao positivismo, precisa ser criativa e sensível ao quadro histórico a que se destina, devendo ser prospectiva, e não regressiva. A Ciência Jurídica, hoje, não pode mais ser caracterizada pelo dogmatismo exegético, peculiar ao contexto posterior à Revolução Francesa. À época, podia a Ciência Jurídica dar-se ao luxo de exegetismo purista, tendo em vista que a legislação revolucionária representava indiscutivelmente um progresso relativamente àquela do Antigo Regime. Tratando-se de consolidar o poder burguês, era natural que se buscasse preservar ao máximo a estrutura legal dele derivada.

Hoje, depois de duas guerras mundiais, em um mundo em manifesta crise, como o evidenciam os inúmeros conflitos geograficamente situados, denotadores do mal-estar característico de nosso tempo, não é mais possível postular e defender uma Ciência Jurídica indiferente ao quadro social a que se destina seu trabalho. Como não é possível, por outro lado, pretender a extinção da Ciência Jurídica, uma vez que sem ela não se pode instrumentalizar a aplicação do Direito, o que se tem a fazer é compreender que a atividade do jurista não pode ser dissociada da valorização crítica das instituições. Deste modo, a Ciência Jurídica poderá auxiliar na realização de um convívio mais condizente com os direitos humanos e a justiça social. O jurista, por outra parte, sentindo que seu trabalho não se exaure nas abstrações, compreenderá o relevante papel social que lhe está reservado. Por outra parte, pensando e trabalhando a Ciência Jurídica sem limites epistemológicos artificiosamente postos, naturalmente caminhará para a rejeição da visão atomizada do Direito, buscando, antes, uma "concepção totalizadora", em que suas diferentes dimensões se encontrem.

Por esta forma, pode-se compreender a importância manifesta do esforço por desideologizar o pensamento, para estudar e aplicar o Direito. Como ressalta Edgar Morin, a ideologia não pode ser rígida a ponto de eliminar a informação, devendo filtrá-la e integrá-la em novo contexto racional por ela modificado e enriquecido.[97] Ora, é preciso ter em vista que o positivismo jurídico é uma "ideologia". Amparado no progresso científico geral, mas, também, com finalidade de manutenção do *statu quo*, "o positivismo vê a ordem jurídica como sistema auto-suficiente", enquanto a lei se torna dogma e, como tal, suscetível de ser considerada apenas formalmente. Instaura-se, assim, a ideologia da ciência pela ciência, descomprometida de suas finalidades sociais, terminando por desembocar no paradoxo das duas verdades – do jurista e do povo – a que alude Raymundo Faoro.[98]

Há que se ter em vista, como aponta René Verdenal, que o próprio positivismo filosófico de Augusto Comte só pode ser compreendido sob o pano de fundo de uma sociedade traumatizada pela Revolução Francesa. Comte, a seu modo, procura deter o curso da história e, para isto, propõe uma terapia à sua maneira. Daí a insistência da noção de ordem em sua filosofia. Todo o seu pensamento gira em torno dela, sendo a matriz de sua abordagem dos temas filosóficos. "A mania classificatória ilustra sem cessar essa obsessão de ordem." Por meio da classificação das ciências "designa a cada cientista a sua tarefa específica, proibindo-lhe transgredir as fronteiras que separam uma disciplina da outra (...). Compreende--se que Comte precisasse recorrer, para preservar essa

---

[97] *Vide supra*, nota 92.

[98] FAORO, Raymundo. *A Injustiça nos Tribunais*. Aula inaugural na Faculdade de Direito da UFRGS, em 20 de março de 1986. Porto Alegre: UFRGS, 1986.

garantia de segurança, à famosa 'higiene cerebral' (...), que lhe proíbe toda leitura nova após os trinta anos". Ademais, como que para não deixar dúvida de seu conservadorismo, Comte "combate o sufrágio universal, a organização constitucional do Estado, a democracia parlamentar". Já o problema social "não é solucionável por meio de uma reforma econômica, mas unicamente por uma reforma moral que mude os costumes e as crenças". Daí, chega à proposta de uma nova religião, cujo clero haveria de ser escolhido "entre as populações do Ocidente, especialmente da França, em virtude de um banal etnocentrismo de Ocidental".[99]

Rejeitando-se, por inconsistente, o positivismo, em cujo nome se postula a especialização do conhecimento, de tal modo que cada um permaneça nos limites de seu domínio, abstendo-se de "indébitas" usurpações, nada impede a construção de uma Ciência do Direito "analítica e crítica ao mesmo tempo",[100] capaz de instrumentalizar a aplicação do Direito em busca da justiça social.

Demais, supondo a aplicação do Direito sua prévia interpretação, resulta esta singularmente empobrecida, na ótica positivista, segundo a qual se deveria resumir aquela à determinação da mítica intenção do legislador, o que excluiria qualquer margem de poder criativo ao Juiz. Contudo, a superação da ideologia positivista não pode conduzir à negação do ordenamento jurídico mediante a tácita admissão de decidir o Juiz as questões a seu alvedrio. Dois extremos hão de ser evitados na aplicação judicial do Direito: 1) a sua automatização, mediante a realização do denominado silogismo judiciá-

---

[99] VERDENAL, René. A Filosofia Positiva de Augusto Comte. *In*: Châtelet, François, ed. *História da Filosofia; Idéias, Doutrinas*. Vol. 5: "A Filosofia e a História" ("Histoire de la Philosophie – Idées, Doctrines". "La Philosophie et L'histoire" (1780-1880). Trad. por Guido de Almeida. Rio de Janeiro: Zahar, 1974. *passim*, notadamente p. 214, 216-8 e 228.

[100] LYRA FILHO, Roberto. *Para um Direito sem Dogmas*. Porto Alegre: Fabris, 1980, p. 42.

rio; 2) a liberação do Juiz do princípio da legalidade da atividade jurisdicional.

Tendo-se em vista esta dupla advertência, pode-se, desde logo, afirmar que o poder criativo do Juiz é inafastável do exercício da jurisdição. Sua extensão é que é variável segundo o momento histórico. Por isto, afirma Engisch que "será sempre questão duma maior ou menor vinculação à lei".[101]

Excluídas as normas configuradoras da patologia jurídica, nas quais a medula da Justiça – o trato igual de situações iguais – é conscientemente agredida, do que resultam normas configuradoras da "arbitrariedade legal",[102] mostra a experiência histórica que a segurança jurídica constitui valor relevante à condição que na ordem jurídica se possa perceber a aspiração à justiça, devendo o Estado de Direito satisfazer estas duas idéias.[103] A segurança, imantada pela justiça, a todos interessa, nada acrescendo sua desvalorização à situação dos desvalidos.

Há que se ter em vista que a ordem jurídica sem lacunas ou antinomias é invenção doutrinária. A elaboração das normas jurídicas faz-se com luta de interesses, oposição de concepções de vida, contraposição de classes, grupos, maiorias e minorias. A ordem jurídica, por traduzir contradições da sociedade que tutela, também é contraditória e relativamente assistemática, embora busque a máxima sistematização. Cabe ao Juiz, dentro do esquema legal, confrontando-o com as necessidades sociais, vendo-o como um "sistema aberto", retirar dele, mediante a argumentação, que é precisamente o modo de raciocínio do jurista,[104] tudo o que lhe puder fornecer

---

[101] ENGISCH, Karl. *Introdução ao Pensamento Jurídico* (Einführung in das Juristiche Denken). Trad. e pref. de J. Baptista Machado. 2ª ed. Lisboa: Fundação Calouste Gulbenkian, 1968. p. 172.

[102] RADBRUCH, Gustav. Leyes que no son Derecho y Derecho por Encima de las Leyes. *In*: Rodrigues Paniágua, José Maria, ed. *Derecho Injusto y Derecho Nulo*. Madrid: Aguilar, 1971. p. 13-6.

[103] *Ibid.*, p. 21.

[104] PERELMAN, Chaim. *Logique Juridique; Nouvelle Rhétorique*. Paris: Dalloz, 1976.

em termos de favorecimento do exercício dos direitos humanos, da humana dignidade e da justiça social. A formação jurídica, também aberta, permitirá ao Juiz fazer uso, quando possível e necessário, da eqüidade, conforme a sua matriz aristotélica, entendida como "um corretivo da lei onde esta deixou de estatuir em virtude de sua generalidade",[105] ao que Recasèns Siches haveria de emprestar significativa elaboração, em conformidade com a natureza da função judicial.[106]

Vêm, a propósito, as considerações de Clèmerson Clève relativas às possibilidades hermenêuticas advindas de uma Constituição democrática: "Num Estado Democrático de Direito, alicerçado numa Constituição comprometida com a dignidade do homem, o ofício do jurista eticamente ligado com a *práxis* libertária, assumirá vastas proporções, *em face das inúmeras possibilidades argumentativas* que poderão ser descobertas. Uma Constituição democrática é uma fonte inesgotável de argumentos, que podem ser utilizados com o sentido de democratizar o Direito, inclusive, se for o caso, para o fim de negar aplicação à lei que viole valor protegido pela Lei Fundamental." Assim, deve-se fazer prevalecer a Constituição, no que tange aos princípios e objetivos fundamentais nela estabelecidos (cidadania e dignidade da pessoa humana – art. 1º, II e III – e a construção de uma sociedade livre, justa e solidária – art. 3º, I), sobre a lei ordinária, sempre que essa contrarie ou se mostre impeditiva da eficácia daquela.[107] Nestas condições, bem se percebe que a neutralidade ou indiferença aos valores não se compadece com a busca do aperfeiçoamento da

---

[105] ARISTOTE. *Ethique à Nicomaque*. 2ª éd. nouv. trad. avec introd., notes et index par J. Tricot. Paris: Librairie Philosophique J. Vrin, 1967. V, 14-5, 1.137-a-b, p. 265-8.

[106] RECASENS SICHES, Luís. *Nueva Filosofia de la Interpretación del Derecho*. 2ª ed. aum. México: Porrúa, 1973. p. 260-276; *Tratado General de Filosofia del Derecho*. 3ª ed. México: Porrúa, 1965. Notadamente p. 654-60.

[107] CLÈVE, Clèmerson Merlin. "Sobre o Uso Alternativo do Direito". In: ———. *Temas de Direito Constitucional (e de Teoria do Direito)*. São Paulo: Ed. Acadêmica, 1993. p. 229-30. O grifo é nosso.

ordem jurídica em direção à justiça social. Ao contrário, impõe-se o compromisso com sua realização ao jurista de modo geral, visto não agir o Juiz de *motu proprio*. Por outra parte, "o Juiz procura interpretar a consciência social e dar eficácia à lei, mas, assim procedendo, às vezes, ele amolda e modifica a mesma consciência que é chamado a interpretar".[108] Seu poder criativo é inegável e mesmo inseparável do moderno modo de elaboração legal, pleno de "cláusulas gerais", a reclamar seu preenchimento valorativo por parte do Juiz, como salienta Maximiliano.[109]

Efetivamente, se deve o Juiz obediência à regra jurídica, não é menos verdade que esta contém aquilo que a interpretação nela põe.[110] Vêm, a propósito, as considerações tecidas por Nelson Saldanha, a quem se devem, no Brasil, as mais fundas pesquisas sobre o componente hermenêutico do Direito: "Não cabe falar do Direito como algo completo, como um objeto inteiriço, a qual se vem agregar a interpretação (...). O jurista, ao qual cabe a visão específica do Direito, depende do Direito Positivo como referente objetivo, mas a positividade da ordem jurídica não seria inteligível sem as significações que cabe ao jurista ao mesmo tempo *manter e questionar*".[111]

Deve, pois, o jurista manter a ordem jurídica, atento ao valor da segurança jurídica, sem, no entanto, confundi-la com a manutenção cega e indiscriminada do *statu quo*. Não há que confundir o valor da segurança jurídica com a ideologia da segurança, que tem por objetivo o imobilismo social. A identificação do Estado com a

---

[108] AGUIAR JÚNIOR, Ruy Rosado de. Interpretação. *Revista AJURIS*. Porto Alegre, 16 (45):17, março 1989.

[109] MAXIMILIANO, Carlos. *Hermenêutica e Aplicação do Direito*. 9ª ed. Rio de Janeiro: Forense, 1980. p. 57-62.

[110] RIGAUX, François. *La Nature du Contrôle de la Cour de Cassation*. Bruxelles: Bruylant, 1966. n°s 71, 73.

[111] SALDANHA, Nelson. *Estudos de Teoria do Direito*. Belo Horizonte: Livraria del Rey, 1994. p. 85-7. O grifo é nosso.

ordem e da lei com a justiça, subprodutos do positivismo, impedem o acolhimento de qualquer direito que não seja o estatal, bem como a absorção, pelo jurista, dos reclamos de justiça do povo, a menos que tenham o expresso beneplácito do legislador. "Esta é uma percepção míope da realidade social... Faz *tabula rasa* da tensão entre a ordem estabelecida e a ordem desejada."[112] Mas, se cabe ao jurista manter a ordem jurídica, também lhe incumbe "questioná-la", aperfeiçoá-la, pondo-a em consonância com uma racionalidade que passa pelo Estado, mas que vai além dele, atenta aos direitos construídos pelo processo histórico e "às práticas pluralistas alternativas" que as exprimem. "Diante da insuficiência das fontes formais clássicas do modelo jurídico estatal, os novos movimentos sociais tornam-se portadores privilegiados de um novo pluralismo político e jurídico que nasce das lutas e reivindicações em torno de carências, aspirações desejadas e necessidades humanas fundamentais." É necessário, em suma, "ter olhos para enxergar o 'novo' ", que já está acontecendo, apesar de os modelos teóricos atuais não conseguirem apreendê-lo. Mas, se este "novo" já pode ser captado porque existe subjacentemente na realidade, constitui "vício errôneo da modernidade concluir que (sua) criação implica destruição e ruptura total com o presente..." Trata-se de preservar as conquistas políticas e jurídicas essenciais da civilização, "possibilitando, concomitantemente, a construção e o avanço ininterrupto de melhores condições de vida humana".[113]

Para alinhar-se neste trabalho, o Poder Judiciário tem que superar o modelo restritivo de conhecimento jurídico imperante no ensino jurídico brasileiro, buscando olhar a realidade em torno e cotejá-la com o ordena-

---

[112] HERKENHOFF, João Baptista. *Como Aplicar o Direito*. 2ª ed. rev. Rio de Janeiro: Forense, 1986. p. 158-9.

[113] WOLKMER, Antonio Carlos. *Pluralismo Jurídico; Fundamentos de uma Nova Cultura no Direito*. São Paulo: Alfa Omega, 1994.

mento jurídico, antevendo as conseqüências de sua ação, buscando, enfim, afirmar-se como "poder", na certeza de que sua atuação depende o equilíbrio do Estado e a eficácia dos direitos, notadamente dos direitos humanos e sociais. Presentemente, os Juízes enfrentam a dramática alternativa de definir o sentido e o conteúdo das normas constitucionais que os expressam ou de "considerar como não vinculante um dos núcleos centrais do texto constitucional".[114] É verdade que o Judiciário não é em nada auxiliado pelo Código de Processo Civil ou pelo Código de Processo Penal, que estão a carecer de reformas mais atentas às realidades nacionais e à presteza da prestação jurisdicional do que aos modelos estrangeiros cultivados pela doutrina tantas vezes alienada dos efeitos reais produzidos por estes diplomas legais. Aparentemente, tem-se esquecido – e para isto têm contribuído muitos "procedimentalistas", que se julgam equivocadamente processualistas – que o processo é meio de realização do Direito Material, e não fim em si mesmo. É grande a responsabilidade do Judiciário no desafio de "fazer respeitar os direitos civis e políticos assegurados formalmente pela Constituição e propiciar a superação do desafio da criação das condições necessárias para que os 40% dos brasileiros situados abaixo da linha de pobreza possam adquirir a plenitude de sua cidadania – o que exige do Judiciário maior capacidade afirmativa perante o Executivo, a fim de que atue com maior eficiência e determinação em área de seguridade social, higiene, saúde, saneamento, habitação e educação básica".[115]

---

[114] FARIA, José Eduardo. O Judiciário e os Direitos Humanos e Sociais: Notas para uma Avaliação da Justiça Brasileira. *In*: *Seminário Nacional sobre o Uso Alternativo do Direito*. Rio de Janeiro: IAB, 1993. p. 6.

[115] *Ibid.*, p. 8.

Parte V

Do método jurídico: reflexões em torno da tópica

1. Prevalência do pensamento sistemático

Sob a influência do racionalismo jusnaturalista, a idéia de *sistema* veio implantar-se no Direito, dominando-lhe a elaboração e o raciocínio, mantendo-se e reafirmando-se na passagem para a codificação, com o positivismo que lhe foi correlato. Aos Códigos, propiciadores da segurança jurídica, escassa no sistema costumeiro do *Ancien Régime*, correspondem as grandes elaborações doutrinárias sistemáticas, características desta fase histórica – a Escola da Exegese, na França, o Pandectismo, na Alemanha, e a Escola Analítica, na Inglaterra. Nesse sentido, escreve Coing que, por meio de longa evolução, "sobre fundamentos trazidos pelo Direito Natural e pelo Renascimento, a Ciência do Direito Privado do século XIX construiu o sistema jurídico", cuja idéia "se baseia na fé ilimitada na razão humana".[116] Deve-se, também, sua emergência a razões ideológicas, ligadas à ascensão da burguesia e à manutenção do poder que conquistara.

[116] COING, Helmut. *Historia y Significado de la Idea del Sistema en la Jurisprudencia* (Geschichte und Bedeutung des Systemgedankes in der Rechtswissenschaft). Trad. por Robert S. Hartman y José Luis Gonzáles. México: Universidad Nacional Autónoma de México, 1959. (Centro de Estudios Filosóficos. Universidad Nacional Autónoma de México).

Os benefícios e os aspectos ideológicos vinculados à idéia de sistema evidenciam-se no entusiasmo suscitado pelo Código Civil francês, de 1804, assim como pelos demais Códigos daquele país, que vieram à luz na mesma década – o Código de Processo Civil, de 1807, o Código de Comércio, de 1808, o de Instrução Criminal, deste mesmo ano, e o Código Penal, de 1810. Conforme assinala Reale, com estes diplomas legais iniciava-se a *ciência contemporânea do Direito*, tendo a sociedade burguesa triunfante expresso suas aspirações e balizado seus interesses "em leis de grande perfeição formal, segundo os princípios da *liberdade* de iniciativa e de contrato, de *segurança*, e de certeza de todos os atos da vida civil, de clara definição de direitos e deveres, de faculdades e de sanções". A superioridade do *Código* relativamente à legislação anterior era flagrante. No *Ancien Régime*, o Direito era "fragmentado em sistemas particulares, quer do ponto de vista das classes, quer do ponto de vista material e territorial... Era um sistema jurídico complexo, dominado pelos esquemas gerais das Ordenações Régias, completadas pelos usos e costumes, pelos preceitos do Direito Romano e do Canônico, pela opinião comum dos doutores e os recursos ao Direito Natural, concebido este de maneira abstrata, como que um Código da Razão, da qual defluía uma duplicata ideal do Direito Positivo". O Código Civil veio pôr termo às dificuldades e aos conflitos resultantes dessa coexistência de sistemas normativos, ao mesmo tempo em que dava satisfação à "aspiração fundamental do homem da Revolução Francesa", defendendo o indivíduo e suas iniciativas, a liberdade e a segurança das relações jurídicas, protegendo a propriedade privada, "como o individualismo econômico a concebia".[117]

---

[117] REALE, Miguel. *Filosofia do Direito*. 6ª ed. São Paulo: Saraiva, 1972. v.2, p. 364-5.

Tendo em vista o conjunto destas circunstâncias, compreende-se que a noção de *sistema* no Direito tenha dominado o século XIX, penetrando vigorosamente no século XX, fazendo com que permanecesse como que esquecida uma outra forma de pensamento jurídico, no entanto muito mais antiga, de que coube a Theodor Viehweg repor em evidência os frutos e potencialidades.

2. O significado da tópica

Trata-se da *tópica*, de que, já na introdução de seu pequeno, mas denso livro – *Tópica e Jurisprudência* –, Viehweg diz tratar-se de "uma técnica de pensar por problemas, desenvolvida pela retórica", de todo distinta e advinda de contexto cultural diverso de outra, de tipo sistemático-dedutivo, que tem sido utilizada para afastar a tópica da Ciência do Direito.[118]

O primeiro objetivo deste escrito consiste em buscar explicitar, de modo sintético, o pensamento de Viehweg a este propósito, o que em regra não tem sido feito. É comum encontrarem-se referências repetitivas, pinçadas cá ou lá no texto deste jurista, fora de um contexto significativo capaz de apreender-lhe a mensagem. Tendo em vista esta circunstância, impõe-se, preliminarmente, a necessidade de rastreá-la, para que, evidenciado seu fio condutor, seja possível, posteriormente, valorizá-la.

Neste sentido, cumpre ter em vista as considerações relativas aos métodos científicos – *scientiarum instrumenta* –, feitas por Vico, em 1708, em sua *dissertatio* denomi-

---

[118] VIEHWEG, Theodor. *Tópica e Jurisprudência* (Topik und Rechtsphilosophie). Trad. de Tércio Sampaio Ferraz Júnior. Brasília: Departamento de Imprensa Nacional, 1979. (Coleção Pensamento Jurídico Contemporâneo, vol. 1) – Ao título original (*Tópica e Filosofia do Direito*) preferiu o tradutor "Tópica e Jurisprudência", por ser a Ciência do Direito (*Jurisprudenz*) o tema do livro.

nada *De nostre temporis studiorum ratione* ("O caráter dos estudos de nosso tempo"), distinguindo dois tipos de métodos científicos, um antigo e um novo, por ele caracterizados, respectivamente, como tópico e crítico. Deriva o primeiro da Antiguidade, tendo sido transmitido por Cícero, sendo seu ponto de partida o *sensus communis* (senso comum), manipulando o verossímil (*verisimilia*), mediante a contraposição de pontos de vista, segundo os cânones da tópica retórica, trabalhando com uma rede de silogismos. Já o método novo, que se tornaria conhecido como cartesiano, por alusão ao modo de pensar representado por Descartes, tem como ponto de partida um *primum verum*, que não pode ser eliminado pela dúvida, dando-se seu desenvolvimento ulterior à maneira da Geometria, vale dizer, "na medida do possível, por meio de longas cadeias dedutivas (*sorites*)". Suas vantagens, segundo Vico, acham-se "na agudeza e na precisão (caso o *primum verum* seja mesmo um *verum*)". Entretanto, suas desvantagens são maiores, consistindo "na perda em penetração, estiolamento da fantasia e da memória, pobreza da linguagem, falta de amadurecimento do juízo, em uma palavra: na depravação do humano". Tudo isto, acresce, pode ser evitado pela *tópica retórica*, "a qual proporciona sabedoria, desperta a fantasia e a memória e ensina como considerar um estado de coisas de ângulos diversos, isto é, como descobrir uma trama de pontos de vista". Entende Vico dever-se intercalar "o antigo modo de pensar, tópico, com o novo, pois este sem aquele não se efetiva".[119] Isto posto, Viehweg examina o pensamento de Aristóteles, a respeito da tópica, de quem recebeu ela o delineamento e a denominação.

Na *Tópica* e nas *Refutações Sofistas*, respectivamente partes 5ª e 6ª do "Organon", ocupa-se este filósofo da "antiga arte da disputa, domínio dos retóricos e dos

---

[119] VIEHWEG, Theodor, *op. cit.*, p. 20-1.

sofistas", que constitui o campo da dialética. Discriminando-a do raciocínio apodítico, entende seja este o domínio dos filósofos. Diz a *Tópica*, em seu início: "Nosso trabalho persegue a tarefa de encontrar um *método*, com o qual, *partindo-se de proposições* conforme às opiniões, seja possível formar raciocínios sobre todos os problemas que se possam colocar, e evitar as contradições, quando devemos nós mesmos sustentar um discurso".[120]

Os raciocínios dialéticos caracterizam-se pela índole de suas premissas, que são constituídas por proposições "que parecem verdadeiras a todos, ou à maior parte, ou aos sábios e, dentre estes, também a todos ou à maior parte ou aos mais conhecidos e famosos". Tem, pois, a tópica, "por objeto, raciocínios que derivam de premissas que parecem verdadeiras com base em uma opinião reconhecida". No que toca à expressão *topoi*, surge ela, pela primeira vez, na *Tópica*, mas sua explicação encontra-se na *Retórica*, constituindo "pontos de vista utilizáveis e aceitáveis em toda a parte, que se empregam a favor ou contra o que é conforme à opinião aceita, que podem conduzir à verdade".[121]

Em síntese, escreve Viehweg, Aristóteles "projetou, em sua tópica, uma teoria da dialética, entendida como arte da discussão, para a qual ofereceu um catálogo de *topoi* estruturado de forma flexível e capaz de prestar consideráveis serviços à práxis". No entanto, se a denominação "tópica" se deve a este filósofo, o assunto mesmo lhe é anterior, constituindo "antigo patrimônio intelectual da cultura mediterrânea", emergindo "antes de Aristóteles, junto com ele e depois dele, em todas as fórmulas retóricas, com o nome de *euresis, inventio, ars inveniendi* ou algo semelhante".[122]

---

[120] *Ibid.*, p. 23-4. O grifo é nosso.
[121] *Ibid.*, p. 25-7. O grifo é nosso.
[122] *Ibid.*, p. 31.

Cícero também tratou da tópica, embora sem a profundidade que alcançou em Aristóteles. Talvez, por isto mesmo, tenha tido uma influência histórica maior do que o pensamento de Aristóteles. Efetivamente, à obra, em que Cícero tratou do tema – *De Inventione* (44 a. C.) –, foi creditado grande valor, na Idade Média. Limita-se a oferecer "um catálogo ou repertório completo dos *topoi*, com vista a seu aproveitamento prático".[123]

Em síntese, pode-se dizer que a tópica "é uma *téchne* de pensamento que se orienta para o problema", que era dominada por Aristóteles, o que se evidencia particularmente quando trata das aporias, no livro 3º da Metafísica, de onde advém seu método de trabalho *aporético*. O termo aporia designa precisamente "a falta de um caminho, a situação problemática que não é possível eliminar". Tem a tópica por finalidade fornecer indicações de como comportar-se em tal situação.[124]

Isto posto, Viehweg distingue uma tópica de primeiro grau de outra de segundo grau. Configura-se a primeira quando, em face de um problema, procede-se de modo simples, "tomando-se, por meio de tentativas, pontos de vista mais ou menos casuais, escolhidos arbitrariamente", como sucede na vida diária, segundo mostra a observação. Posteriormente, a investigação conduz a determinados pontos de vista diretivos. Tendo em vista a insegurança derivada deste modo de proceder, busca-se apoio em "um repertório de pontos de vista preparados de antemão", produzindo-se catálogos de *topoi* configuradores da tópica de segundo grau.

Há, por outra parte, *topoi* aplicáveis a todos os problemas pensáveis, constituindo generalizações muito amplas, como há outros aplicáveis tão-só a determinado círculo de problemas. A função de uns e outros é a mesma, isto é, de servir a uma discussão de problemas,

---

[123] *Ibid.*, p. 27-31.

[124] *Ibid.*, p. 33. O grifo é nosso.

à vista dos quais se mostram adequados ou inadequados. Sua função é muito especial naqueles círculos de problemas que se caracterizam por não perder seu caráter problemático. Produzindo-se mudanças de situações, faz-se necessário o encontro de novos dados para resolver os problemas. É sempre a partir destes que os *topoi*, que intervêm com caráter auxiliar, encontram seu sentido, "conforme um entendimento que nunca é absolutamente imutável", devendo ser "entendidos de um modo funcional, como possibilidades de orientação e como fios condutores do pensamento". Deve-se ter em mente que "grandes conseqüências não se conciliam bem com sua função, motivo pelo qual o peso lógico das tramas de conceitos e de proposições elaboradas pelos *topoi* é sempre pequeno".

Tal estilo de pensamento, "que prepara pontos de vista gerais e catálogos de pontos de vista para as questões que se podem colocar, é pouco apreciado pela ciência moderna". Sua inegável importância para a compreensão do pensamento humano é negligenciada, em virtude de só permitir "deduções de curto alcance", o que se deve à sua constante vinculação ao problema.

Embora o modo de pensar problemático seja esquivo às vinculações, não as pode renunciar por completo, tendo por algumas delas especial interesse. Assim, "a ninguém é dado conduzir uma prova objetiva sem lograr estabelecer com seu interlocutor, pelo menos, um círculo batizado pelo interesse comum. A atividade processual, por exemplo, ensina isto diariamente ao jurista (...) Os *topoi* e os catálogos de *topoi* têm uma extraordinária importância no sentido da fixação e construção de um entendimento comum". A construção deste pode ser entendida, em outro nível, nos diálogos platônicos, "em que Sócrates vai criando, por meio de uma técnica de perguntas, efeito bastante peculiar, aqueles acordos de que necessita para suas demonstrações".[125]

---
[125] *Ibid.*, p. 36-8, 40-1.

Por outra parte, o domínio do problema exige flexibilidade e capacidade de alargamento. "Em caso de necessidade, os pontos de vista, que até um determinado momento eram admissíveis, podem considerar-se expressa ou tacitamente como inaceitáveis. A observação ensina, contudo, que isto é muito mais difícil e raro do que se pode supor, ao menos em determinados campos. Custa muito trabalho tocar naquilo já fixado. Não obstante, também, neste ponto, *o modo de pensar tópico presta um auxílio muito valioso sob a forma de interpretação*. Com ela, abrem-se novas possibilidades de entendimento melhor sem lesar as antigas". Mantendo-se as fixações já realizadas, pode-se submetê-las a novos pontos de vista, dando-lhes novo rumo, para o que a interpretação é uma parte da tópica bastante apropriada. O debate permanece sendo a única instância de controle. "*O que em disputa ficou provado, em virtude da aceitação, é admissível como premissa. Isto pode parecer inicialmente muito arriscado. Porém é menos inquietante se se tem em conta que os que disputam dispõem de um saber que já experimentou prévia comprovação (...) Desta maneira, a referência ao saber 'dos melhores e mais famosos' encontra-se também justificada*. Com a citação de um nome, faz-se referência a um complexo de experiências e de conhecimentos humanos reconhecidos, que não contém só uma crença, mas a garantia de um saber no sentido mais exigente. Em outras palavras: no terreno do que é conforme às opiniões aceitas, pode-se aspirar também a um efetivo entendimento, e não a uma simples e arbitrária opinião".

Por tudo, evidencia-se a diversidade da tópica relativamente ao sistema dedutivo: "construído a partir de si próprio, o sistema de proposições deve ser compreensível por si só, quer dizer, a partir da explicação lógica de suas proposições nucleares. Esta não pode ser alterada, tendo em vista uma eventual modificação da situação problemática (...)". Vico sintetizou bem o procedimento, chamando-o *methodus*, "em cujo princípio tem de haver um *primum verum*, se não se quer que seja o sutil desenvolvimento de um erro". Isto faz com que, logrando-se estabelecer um sistema dedutivo, "a que toda ciência, do ponto de vista lógico, deve aspirar, a tópica tenha de ser abandonada. Talvez na seleção das proposições centrais possa conservar, todavia, alguma importância, ao menos em determinados campos". Tratando-se de dedução, "suas proposições são demonstráveis de modo inteiramente lógico e rigoroso, quer dizer, 'verdadeiras' ou 'falsas', no sentido de uma lógica bivalente. Valores como 'defensável', 'ainda defensável', 'dificilmente defensável', 'indefensável', etc., carecem aqui de sentido". Pertencem estes ao domínio da tópica, cujas proposições apenas "em uma medida muito insuficiente podem ser aferíveis logicamente". São, em todo caso, *discutíveis*, motivo pelo qual, nela, "todo interesse reside em configurar esta discutibilidade do modo mais claro e simples possível".[126]

3. Aspectos históricos

A seguir, Viehweg examina o pensamento tópico no *ius civile* romano, no *mos italicus* e face à *Dissertatio de arte combinatoria*, de Leibniz.[127]

No que toca ao primeiro, começa por observar que, "para um espírito sistemático, o *ius civile* constitui, como é sabido, uma desilusão bastante grande", eis que, "nele, dificilmente se encontram conjuntos de deduções de grandes abrangência". Apoiado na autoridade de ilustres romanistas, conclui que se utiliza da técnica característica da tópica, cujo espírito situa-se em colecionar pontos de vista e reuni-los, posteriormente, em catálo-

---
[126] Ibid., p. 41-4.
[127] Ibid., p. 45-73.

gos, "que não estão organizados por nexo dedutivo, e, por isso, são especialmente fáceis de ser ampliados e completados". De resto, à época, "as positivações são evitadas na medida do possível. Bons exemplos disto são não só o escasso número de leis que se editam durante um período de tempo tão grande, mas, também, especialmente, a elástica e notabilíssima *lex annua* do Pretor, que só se cristalizou de modo definitivo no Édito de Adriano". Demais, a retórica foi, já a partir do ano 100 a.C., "também em Roma, a principal cadeira para a formação cultural daqueles estratos sociais de que procediam os juristas", o que contribuía para marcar de modo indelével a *forma mentis* do romano, tanto quando exercia funções jurídicas quanto políticas.[128]

Quanto ao *mos italicus*, "os pós-glosadores ou comentadores, como seus predecessores, os glosadores bolonheses, estavam familiarizados com a tópica, o que é evidenciado por sua formação cultural. Antes que se pudessem dedicar aos estudos especiais, deviam estudar as *septem artes liberales*. No *Trivium* ocupavam-se da retórica e da tópica.

Na jurisprudência medieval, havendo desacordo entre os textos legais (*dubitationes*), buscados para a solução dos problemas ocorrentes, iniciava-se a respectiva discussão (*controversia*), tendo em vista uma solução (*solutio*) para o encontro de concordâncias, mediante a ordenação de autoridades (um dos *topoi* mais importantes do mundo medieval). Se os textos em questão tivessem a mesma hierarquia, fazia-se a *distinção* (diferenciação) e, conexa a ela, a *divisão* (partição), estabelecendo-se uma ordem, "na qual cada um dos textos se mantém dentro do limitado círculo de validade que se lhe atribui", o que, sem dúvida, reclama a *invenção* (tópica). "Os *topoi* retóricos gerais – semelhante e contrário (*similia, contraria*) – servem de guia para este fim".

---
[128] *Ibid.*, p. 45-57, espec. p. 45, 51-2, 55.

Dentro deste modo de pensar, em que as distinções são fundamentais, percebe-se o esforço contínuo "em encontrar argumentos para a resposta, o que propicia a introdução, num mesmo estado de coisas, de pontos de vista muito diferentes. É, como se vê, o contrário de um espírito (...) apropriado para a formação de um sistema".[129]

Sob o título *Tópica e ars combinatoria*, Viehweg põe em evidência o esforço de Leibniz, que estudou Direito segundo o *mos italicus* (a Faculdade de Direito de Leipzig a ele se manteve fiel, durante largo tempo) "para fazer concordar o tradicional estilo de pensamento da Idade Média com o espírito matemático do século XVII". Isto se constata não na "Nova methodus discendae docendaeque jurisprudentiae", (1667), mas na "Dissertatio de arte combinatoria", em que pretende que a *tópica* possa ser "colocada sob controle aritmético", buscando colocar "a relação do todo com a parte no centro do pensamento", idéia muito antiga, "transmitida como *topos* na formação retórica (encontrável em Cícero), experimentando configuração teórica de maior envergadura, mais tarde, com Hegel".[130]

4. A tópica e a sistematização dedutiva

A seguir, Viehweg confronta a axiomática (sistematização dedutiva) com a tópica, examinando os dois estilos de pensamento do ponto de vista de uma teoria da ciência, tratando de aferir qual deles melhor se ajusta ao Direito.

Consiste o primeiro em "ordenar, de acordo com sua dependência lógica, de um lado, os enunciados, e, de outro, os conceitos de uma área qualquer (não-lógi-

---

[129] Ibid., p. 59-69, espec. p. 59, 62-3, 68-9.

[130] Ibid., p. 71-3.

ca)". É este inadequado ao Direito, pois só se fosse possível colocar todos os "assuntos jurídicos sob alguns axiomas e conceitos fundamentais unitários e fazer o mesmo com o âmbito total do Direito Positivo em questão", seria possível "falar de uma completa fundamentação lógica do Direito e de um sistema jurídico no sentido lógico". Isto nunca foi realizado, "ainda que sua existência seja pressuposta usualmente em nosso pensamento jurídico". Se fosse factível, caberia indagar "até que ponto o sistema teria logrado eliminar a tópica", sendo "evidente que esta eliminação não se dá na escolha dos axiomas", pois "determinar quais são os princípios objetivos que serão selecionados é, do ponto de vista lógico, algo claramente arbitrário", o mesmo podendo ser dito no que toca aos conceitos. Trata-se de uma ineludível *tarefa de invenção.*

Também, utilizando-se a ordem jurídica da linguagem comum, nela opera sempre uma *tópica oculta,* uma vez que "algumas conclusões semelhantes conduzem, com freqüência, a interpretações variadas e encobertas". O tecido jurídico total efetivamente "não é um sistema no sentido lógico. É antes uma indefinida pluralidade de sistemas, cujo alcance é muito diverso – às vezes não passa de escassas deduções –, e cuja relação recíproca não é tampouco estritamente comprovável". O sistema lógico só existiria "no caso de a pluralidade de sistemas ser reduzida a um sistema unitário". Dada a pluralidade, é possível a ocorrência de contradições, fazendo-se necessário "um instrumento que as elimine", o que se dá através da *interpretação:* "há que estabelecer, em caso de necessidade, conexões por meio de interpretações que sejam aceitáveis e adequadas". É *"pela interpretação* exigida pelo estado efetivo do Direito" que a tópica se infiltra no sistema jurídico. Tendo em vista as constantes modificações temporais de significado da ordem jurídica e a existência de uma quantidade residual de casos não considerados pelo legislador, faz-se necessária "uma interpretação adequada que modifique o sistema, através de uma extensão, redução, comparação, síntese, etc.", o que demonstra a insuficiência de sua pretensa perfeição lógica.

Também a linguagem natural, presente no ordenamento jurídico, vista sob outro ângulo, exige a atuação da tópica. Apreendendo ela "incessantemente, novos pontos de vista inventivos", evidencia sua flexibilidade, mas põe ao mesmo tempo em perigo o sistema dedutivo, "pois os conceitos e as proposições que se expressam por meio de palavras não são confiáveis do ponto de vista da sistemática (...). Perde-se totalmente o ponto de partida, quando, em caso de necessidade, se faz referência ao sentido de uma palavra", o que acontece repetidamente na Ciência do Direito.

Outra forma de intervenção da tópica ocorre precisamente onde o sistema jurídico vincula-se à realidade. O "estado de coisas" necessita uma interpretação para que possa ser enquadrado no sistema jurídico. Há, na aplicação do Direito, uma recíproca aproximação entre os fatos e o ordenamento jurídico.

Em suma, "onde quer que se olhe, encontra-se a tópica, e a categoria do sistema dedutivo aparece como algo bastante inadequado, quase como um impedimento para a visão". Não resta dúvida de que "o centro de gravidade das operações reside, de modo predominante, na interpretação, em sentido amplo, e, por isto, na invenção". Verdade é que a tópica, cuja conexão com a retórica é inegável, tem sido sempre cultivada pelos juristas. O que sucede é que, hoje, ela está por detrás de uma teoria, "que atua como um corpo estranho e que se torna tanto mais problemática quanto mais progride a investigação lógico-científica. É a lógica tão indispensável em nosso terreno quanto em qualquer outro (...). Porém, no momento decisivo tem de conformar-se em ficar em um segundo plano. O primeiro cabe à *ars inveniendi*, como pensava Cícero, quando dizia que *a tópica precede a lógica*".

O intuito de tornar científica a *téchne* jurídica, mediante a dedução lógico-sistemática, tropeça na dificuldade anteriormente esboçada: "os próprios axiomas, como proposições nucleares do Direito, continuariam sendo (...) logicamente arbitrários e as operações para escolher um axioma, e não outro, conservariam um inevitável resíduo tópico".

Pelo conjunto das circunstâncias alinhadas, "a axiomática não é suficiente para captar plenamente a estrutura da argumentação".[131]

Apoiado na doutrina alemã, referida nas notas ao § 8º da "Tópica e Jurisprudência", Viehweg entende que, no Direito Civil, como alhures, o raciocínio tópico deve ser prevalente.

Embora a economia do pensamento prefira um procedimento que prometa "fornecer um máximo de teoremas corretos e aplicáveis, partindo de um mínimo de proposições centrais", a quotidiana experiência do jurista a contraria. *A escolha das premissas* orientadoras do raciocínio faz-se "como conseqüência do modo de entender o Direito, à vista da aporia fundamental". Toda a vez que a dedução produza resultados não satisfatórios à solução da questão central proposta, "é preciso interrompê-la por meio da invenção". Os *topoi* são buscados em face do problema, e devem renovar-se sempre que este o exigir, em face do qual também deve aferir-se a utilidade e conveniência da utilização dos conceitos e proposições jurídicas. A *arte do Direito* deve orientar-se por sua constante reconstrução, cuidando de sua solidez, sem descurar de sua flexibilidade. Para isto, a Ciência do Direito há de ser móvel, em conformidade com as inúmeras situações que há de ter em conta. Se a tessitura de conceitos e proposições impedir a postura

---

[131] VIEHWEG, Theodor, *op. cit.*, p. 75-85.

aporética, não deve ser utilizada. Convém, antes, à Ciência do Direito, "uma variedade assistemática de pontos de vista", cuja qualificação como princípios não é inteiramente correta. Melhor seria designá-los *proposições diretivas* ou *topoi*.[132] Por esta forma, o que anteriormente fora consignado, a propósito do Direito Romano, vale para o Direito em geral, a saber: "este modo de trabalhar se caracteriza sobretudo porque permite aos juristas entender o Direito, não como algo que se limitam a aceitar, mas como algo que constroem de uma maneira responsável".[133]

Em escrito posterior, Viehweg ratifica a necessidade da tópica, uma vez que "as determinações mais importantes (tanto jurídicas quanto políticas) realizam-se sempre no plano da argumentação". Demais, melhor se ajusta a tópica à rápida modificação do contexto histórico presente, caracterizado pelo dinamismo da técnica, o que impossibilita tentar validamente apreendê-lo através de um modelo já concluído. Impõe-se, ao revés, um pensamento em contínuo fazer-se, "ativo e ativante", que é, precisamente, aquele de tipo tópico.[134]

5. Valorização da tópica

Para bem entender-se o ponto de vista de Viehweg a respeito da Ciência do Direito, deve-se refazer a moldura histórica e o panorama jurídico em que surgiu, de que já foram feitas indicações, neste trabalho. Trata-se, agora, de complementá-las e melhor esclarecê-las.

A idéia de *sistema*, no Direito, tendo vindo à luz sob a inspiração do racionalismo jusnaturalista, firma-se com o constitucionalismo escrito do século XVIII e com a

---

[132] *Ibid.*, p. 87-99, espec. p. 87, 90-1, 94-5, 98-9.

[133] *Ibid.*, p. 50, 119, notas 14-6.

[134] VIEHWEG, Theodor. Las Ventajas de la Topica. *Revista Juridica de Buenos Aires*, Buenos Aires, (1-3): 19-24, 1968, espec. p. 23/4.

codificação, no século XIX, a que haveria de corresponder a grande elaboração doutrinária positivista, levada a efeito com especial relevo na França e na Alemanha. Às suas motivações ideológicas[135] veio somar-se o extraordinário sucesso da lógica formal na matemática e nas ciências naturais, "a ponto de eclipsar outros métodos de raciocínio, chegando a ameaçá-los de esquecimento".[136]

Na Alemanha, "com a escola de Savigny, o caráter de sistema, atribuído ao Direito, seria também o fundamento da cientificidade do saber jurídico".[137] Na obra deste jurista, patenteou-se o "caráter formal-dedutivo do sistema", levando o sistema jusnaturalista ao seu apogeu, no correr do século XIX.[138] Na continuação deste processo, na linha que vai de Savigny a Ihering, "se implantaria o conceito de 'construção', onde mais uma vez o racionalismo tentaria abranger os dois planos, o da ordem positiva e o do saber científico (...). A pandectística, fruto de um enorme labor científico, consagraria um modelo que pareceu definitivo".[139]

---

[135] *Vide* supra, nº 1.
[136] STONE, Julius. *Legal System and Lawyers Reasonings*. Sidney: Maitland Publications, 1968. p. 333.
[137] SALDANHA, Nelson. "O Componente Hermenêutico. Sobre a Necessidade de Repensar a Noção de Direito". In: ——. *"Estudos de teoria do Direito"*. Belo Horizonte: Livraria Del Rey, 1994. p. 79.
[138] FERRAZ JUNIOR, Tércio Sampaio. *Conceito de Sistema no Direito*. São Paulo: Revista dos Tribunais, 1976. p. 29-30.
[139] SALDANHA, Nelson, *op. cit.*, p. 78-80. Ainda, na Alemanha, a idéia de sistema revelou-se, de modo marcante, com a "pirâmide de conceitos" de Puchta, enfatizando "o caráter lógico-dedutivo do sistema jurídico, enquanto desdobramento de conceitos e normas abstratas, da generalidade para a singularidade, em termos de uma totalidade fechada e acabada", constituindo traço característico da Ciência Jurídica dos conceitos (*Begriffsjurisprudenz*). Com a Ciência Jurídica dos interesses (*Interessenjurisprudenz*) "o sistema não perde seu caráter de totalidade fechada e perfeita, mas perde sua qualidade lógico-abstrata". Ferraz Júnior, Tércio Sampaio, *op. cit.*, p. 33-4.

Neste movimento de idéias, característico do século XIX, em que sobressai a construção sistemática, tanto no Direito Positivo quanto na elaboração teórica, encontram-se, sem dúvida, referências doutrinárias sobre a importância da interpretação no Direito. Mas, "perdeu--se de vista o papel essencial da *hermenêutica*, centrando--se sobre a idéia de ordem o conceito de Direito", até que, na segunda metade do século XX, com a "consciência de crise" que, então, toma corpo, veio-se "a questionar direta ou indiretamente a noção de sistema, inclusive com a opção pelo problema, tal como proposta no breve e famoso livro de Viehweg (*Tópica e Jurisprudência*). Autores de peso começam a falar em *decodificação* do Direito".[140]

É nesse contexto, cuja projeção chega a nossos dias, que pode ser apreendido o significado do trabalho de Viehweg, tendo por eixo "o caráter *tópico*, isto é, *problemático* – numa linha de dialética do razoável – da Ciência do Direito, que seria, assim, infensa ao saber dedutivo--sistemático".[141]

Em oposição à dedução, a partir de um número limitado de premissas, o raciocínio a partir dos *topoi* (pontos de vista relevantes) compreende um universo discursivo *aberto*, "embora o fluxo dialético possa ser entremeado por passos dedutivos subsidiários. Nestas condições, os argumentos retóricos fornecem provas só em um sentido amplo. À diferença das provas pela via dedutiva, dentro de um sistema fechado de premissas, elas não são nem rigorosas nem necessárias". Destinam--se a persuadir, em termos retóricos, tendo em vista a situação real, considerada a sua peculiaridade histórica.[142]

---

[140] SALDANHA, Nelson, *op. cit.*, p. 80-2.
[141] REALE, Miguel. *Filosofia do Direito*. p. 557, nota 13.
[142] STONE, Julius, *op. cit.*, p. 331.

Por conseguinte, as premissas fundamentais do raciocínio "legitimam-se pela aceitação daqueles que intervêm no debate". Como cada um se orienta no sentido "da oposição previsível do adversário, (...) vale aquilo que é admitido por todas as partes". Trata-se de algo que, ao menos para este círculo de pessoas, é tido como evidente. "Deste modo, em relação ao problema posto, as premissas são qualificadas como 'relevantes', 'irrelevantes', 'admissíveis', 'inadmissíveis', 'aceitáveis', 'inaceitáveis', 'defensáveis', 'não defensáveis', etc., podendo, inclusive, ser classificadas em grau intermédio, como 'pouco defensáveis', ou 'ainda defensáveis'. A discussão é a (sua) única instância de controle". Nestas condições, a tópica não pressupõe um sistema dedutivo. "Sua ligação com o problema faz com que a dedução se mantenha em limites modestos".[143]

O ponto alto da contribuição da *Tópica e Jurisprudência* acha-se na ênfase atribuída à interpretação e aplicação do Direito, através do pensamento aporético, conducente à *invenção*, centrado no problema.

A mensagem da tópica, sob este aspecto, vem ao encontro da necessidade de, sem abandonar o sistema sem o qual o Direito, hoje, não é pensável,[144] repensar o conceito de Direito a partir de seu componente hermenêutico, de conseqüências teórico-práticas da maior relevância, como proficuamente vem apontando Nelson Saldanha, pois "não cabe falar do Direito como algo completo, como um objeto inteiriço, ao qual se vem agregar a interpretação". Trata-se de ampliar o conceito de Direito, preferindo seu aspecto dinâmico ao estático. É que "o jurista, ao qual cabe a visão específica do

---

[143] RECASÉNS SICHES, Luis. *Panorama del Pensamiento Jurídico en el Siglo XX.* México: Editorial Porruá, 1963. v. 2, p. 1.067. Neste autor acha-se fiel exposição do pensamento de Viehweg, tal como exposto na *Tópica e Jurisprudência*. Deixa a desejar, no entanto, sob o ponto de vista crítico-valorativo.

[144] A idéia de sistema é aqui entendida não no sentido estritamente dedutivo, mas enquanto "conexão interior de regras jurídicas". Coing, Helmut, *op. cit.*, p. 22, passim.

Direito, depende do Direito Positivo como referente objetivo, mas a positividade da ordem jurídica não seria inteligível sem as significações que cabe ao jurista *manter e questionar*".[145] A controvérsia quanto à *Tópica e Jurisprudência* situa-se na reserva, senão na oposição de seu autor ao aspecto sistemático da Ciência do Direito, ao mesmo tempo em que enuncia as vantagens da tópica. A ênfase atribuída a esta é, efetivamente, de tal ordem que se pode concluir não se tratar de uma perspectiva complementar, pondo-se, ao revés, a necessidade de optar entre uma e outra forma de pensar e construir o Direito.

Entende Wieacker, no entanto, que qualquer dúvida que, a este respeito, se possa nutrir, deve ser atribuída ao caráter resumido desta obra, pois o texto não indica a pretensão de exclusividade do pensamento anti-sistemático, trazendo "contributos importantes para a pretensão, hoje geralmente admitida, de um contínuo operar conjunto de processos indutivos-aporéticos e dedutivos-principais na dogmática do Direito".[146]

A melhor exposição crítica da *Tópica e Jurisprudência* foi feita por Larenz.[147]

Começa este jusfilósofo por afirmar que não pode a tópica, na busca de solução para o caso, dispensar "certos *critérios gerais*, na falta dos quais não seria sequer possível apreender o problema". Será sempre necessário confrontá-lo "com outros casos ou grupos de casos, em que se manifeste a mesma ou análoga problemática", para o que há de haver "determinados termos de comparação, determinado questionamento, que torne possível

---

[145] SALDANHA, Nelson, *op. cit.*, p. 85-7. O grifo é nosso.

[146] WIEACKER, Franz. *História do Direito Privado Moderno* (Privatrechtsgeschichte der Neuzeit unter besonderer berücksichtigung der deutschen entwicklung). Trad. por A. M. Botelho Hespanha. Lisboa: Fundação Calouste Gulbenkian, 1980. p. 690-1, nota 48.

[147] LARENZ, Karl. *Metodologia da Ciência do Direito* (Methodenlehre der Rechtswissenchaft). Trad. por José de Souza Brito e José António Veloso. Lisboa: Fundação Calouste Gulbenkian, 1978. p. 179-86.

o confronto. Nessa medida, o próprio 'pensar problemático' não é só (embora, por essência, seja também) um pensamento *referido ao caso*".[148]

A segunda crítica consiste na imprecisão do que Viehweg denomina tópico jurídico, aparentemente por ele considerado "*toda e qualquer* idéia ou ponto de vista que possa desempenhar algum papel nas análises jurídicas, sejam estas de que espécie forem", do que resulta que cada autor associe ao termo tópico "uma representação pessoal".[149]

Larenz admite as restrições feitas ao "sistema lógico-dedutivo que oferecesse, já pronta, uma resposta para toda e qualquer nova questão jurídica – resposta a descobrir pela via da dedução lógica". Também concordando que a Ciência Jurídica parte sempre do problema, do caso, para dar satisfação à Justiça, pensa, entretanto, acertadamente, que "*Viehweg identifica demasiado precipitadamente o sistema lógico-dedutivo com o pensamento sistemático em geral*, e um pensamento que se mantenha aberto a novas questionações com a tópica".[150] Esta objeção é fundamental e não parece poder ser respondida.

No que toca ao objeto da Ciência Jurídica, que Viehweg entende ser "simplesmente a questão do que é justo aqui e agora, em cada caso", objeta Larenz, em conformidade com a vivência quotidiana da aplicação do Direito, que "o caminho do jurista – abstração feita dos casos-limite, em que tem de remeter-se à sua valoração pessoal para chegar a decisões 'justas' – passa obrigatoriamente pelo Direito Positivo, que assume, assim, a função de mediador entre as postulações imediatamente evidentes da Justiça e a regulamentação efetiva de setores da vida ou de situações de conflito

---

[148] *Ibid.*, p. 180.
[149] *Ibid.*, p. 183.
[150] *Ibid.*, p. 184.

particulares". Não cabe ao Juiz realizar *imediatamente* a Justiça, "mas buscar uma decisão em harmonia com as regras do Direito Positivo e com os princípios de valor que lhe subjazem, com os critérios que reconhece como válidos e com as suas concretizações já presentes em decisões anteriores". Deste modo, a decisão judicial é "pertinente" ou "correta", podendo ser, no caso ideal, também "justa", quando o Direito Positivo estiver referido à Justiça, como seu "sentido próprio".[151] Para este fim, "uma simples coleção de pontos de vista, que tenham valor equivalente, e não se relacionem uns com os outros, não serve para nada – porque, então, a escolha (sempre deixada ao Juiz) do *tópico* que parece apropriado há de ser arbitrária e acidental". Não pode a Ciência Jurídica deixar de proceder *sistematicamente*, o que não quer dizer "que deva deduzir as regras ou os conceitos jurídicos uns dos outros, nem que a estrutura, cuja elucidação lhe incumbe, o *sistema interno* de uma ordem jurídica seja imutável e possa alguma vez ser completamente conhecido". Os problemas novos não podem ser ignorados e reclamam uma modificação do sistema, mas sua solução deve integrar-se no sistema, modificado, se necessário.[152]

Para tanto, Larenz apresenta uma concepção de larga abrangência da Ciência do Direito. É ela, de fato, ciência, e não mera técnica ou tecnologia (embora também seja isto) "na medida em que desenvolveu certos métodos que se dirigem a um conhecimento racionalmente comprovável", embora não possa jamais atingir a "exatidão" que caracteriza a matemática e as ciências da natureza, nem afastar a circunstância de que muitos dos seus conhecimentos têm uma validade circunscrita no tempo. Trata-se de "uma ciência de compreensão" que tem a ver com determinado "material", nomeadamente

---
[151] *Ibid.*, p. 185.
[152] *Ibid.*, p. 185-6.

com as normas e os institutos de certo Direito Positivo. Diz o que é *de direito*, aqui e agora, não estando ao seu alcance dizer o que é ou não justo *em si mesmo*. É ela responsável pela aplicação das normas ao caso individual, não podendo "eximir-se a uma reflexão que remonte aos princípios". A Ciência do Direito "tanto tem a ver com o transitório como tem a ver com o (mais ou menos) constante (...). O seu objeto tanto é o particular, e até o individual – a decisão (uma decisão 'sustentável', pelo menos) deste determinado caso – como o geral: o tipo, o instituto jurídico, a idéia geral, o conjunto de significações de todo um regime".

Verifica-se, em suma, a amplitude desta concepção da Ciência do Direito por "nunca contemplar uma norma isoladamente, mas sua conexão com seu sentido e fim, *com o seu conteúdo ético-jurídico e com a sua repercussão social, com as condições históricas em que surgiu e com o seu desenvolvimento em nossa época*. Donde ter sempre de estabelecer uma *ligação entre vários aspectos*: o histórico, o sociológico e o sistemático ou, como dizia o jovem Savigny, o 'filosófico'".[153]

A Ciência do Direito, assim concebida, pode auxiliar, de modo efetivo, o jurista a compreender, sistematizar, interpretar e aplicar a ordem jurídica, afeiçoando-a às necessidades sociais progressivamente configuradas.

Contra esta concepção pluridimensional da Ciência do Direito, acha-se a tentativa positivista de cisão do discurso jurídico em múltiplos setores, entre si incomunicáveis. Segundo ela, a atividade do jurista deve exaurir-se no conhecimento "puro" da ordem jurídica, sobre que lhe cabe formular somente juízos de constatação. Daí resulta singular empobrecimento da aplicação do Direito, circunscrita que fica a um automatismo indiferente ao valor e ao efeito social das normas jurídicas, inconciliável com a responsabilidade do jurista, espe-

---

[153] *Ibid.*, p. XIII/XIV. O grifo é nosso.

cialmente do Juiz. A Ciência do Direito, assim descarnada, torna-se a-histórica, compondo um discurso ideológico, lamentavelmente veiculado pela literatura jurídica e reproduzido pelo ensino jurídico.[154] Trata-se de reconhecer a destinação social deste trabalho, orientando-o para a reconstrução das normas e conceitos jurídicos, em função do quadro histórico ao qual se destina.

6. O componente ideológico da Ciência do Direito

Ademais, abrangendo o objeto da Ciência do Direito inclusive "o conjunto de significações de todo um regime",[155] não pode abstrair aquilo que de ideológico normalmente exprime. Negam-no aqueles que (ideologicamente) desejam fundar a sua cientificidade no "purismo" metodológico, segundo o qual lhe incumbe tratar da ordem jurídica pela ordem jurídica, independentemente de sua interação com o meio social, sobre que atua, mas também exprime.

"A ideologia atua no discurso jurídico como elemento estabilizador". Vendo-a de um ponto de vista funcional, percebe-se que "a linguagem ideológica é também valorativa". Mas, enquanto os valores constituem "critérios de avaliação de ações, a avaliação ideológica tem por objeto imediato os valores", tendo qualidade pragmática diferente. Ao passo que os "valores são expressões dialógicas, reflexivas e instáveis, a valoração ideológica é rígida e limitada", estabelecendo "uma instância que neutraliza as valorações, 'pervertendo-as' de certo modo, pois lhes retira a reflexividade". Assim, dentre outros aspectos, "determina finalidades, propósitos e metas do sistema, permitindo o controle da *mens legis* e sua interpretação", assim como "responde

---

[154] AZEVEDO, Plauto Faraco de. *Crítica à Dogmática Jurídica e Hermenêutica Jurídica*. Porto Alegre: Fabris, 1989. *passim*, espec. p. 17-32.

[155] LARENZ, Karl, *op. cit.*, p. XIV.

pela constituição de premissas, postulados, pontos de partida da argumentação jurídica, identificando certos requisitos a que a ordem jurídica deve obedecer, como o caráter geral das normas, a sua irretroatividade, sua clareza, não-contraditoriedade, a exigência de promulgação, etc., fornecendo uma determinação das chamadas regras práticas de conteúdo evidente, regras éticas inquestionáveis".[156]

Do ponto de vista deste escrito, é fundamental lembrar que a ideologia "é movida pelo desejo de demonstrar que o grupo que a professa tem razão de ser o que é", e, para isto, *argumenta*.[157] Apresenta a ideologia um *caráter dóxico*, visto ser seu nível epistemológico o da opinião, da *doxa* dos gregos. Preferindo-se a terminologia freudiana, é ela "o momento da racionalização. É por isso que ela se exprime preferencialmente por meio de máximas, de *slogans*, de fórmulas lapidares. Também é por isso que *nada é mais próximo da fórmula retórica* – arte do provável e do persuasivo – *que a ideologia*". Ademais, como "é a partir dela que pensamos, mais do que podemos pensar sobre ela", é sempre possível que traduza a dissimulação, a distorção, "que se vincula, desde Marx, à idéia de imagem invertida de nossa própria posição na sociedade".[158]

O essencial, para a Ciência do Direito, como para qualquer outro setor de conhecimento, é que se tenha consciência do significado e potencialidades de atuação da ideologia. Só assim se pode buscar evitar o enclausuramento ideológico, que fecha o horizonte do possível, terminando por levar à ruptura entre o conceito e a realidade. Com a deformação ideológica, quer-se, cons-

---

[156] FERRAZ JUNIOR, Tércio Sampaio. *Teoria da Norma Jurídica*. Rio de Janeiro: Forense, 1978. p. 155/58.
[157] RICOEUR, Paul. *Interpretação e Ideologias*. Org., trad. e apresent. de Hilton Japiassu. Rio de Janeiro: Liv. Francisco Alves, 1977, p. 68.
[158] *Ibid.*, p. 69/70. O grifo é nosso.

ciente ou inconscientemente, não tocar nos problemas deste mundo.[159]

Sendo indiscutível o componente ideológico, na Ciência do Direito, trata-se de evitar que transcenda os limites do razoável. Para isto, seu trabalho tem que ser não só *analítico-descritivo*, mas também *crítico* e *construtivo*, atento aos interesses protegidos (e ignorados) pela ordem jurídica, assim como aos efeitos decorrentes de sua aplicação às situações concretas.

Também a teoria da argumentação apresenta claro vestígio ideológico, "na medida em que se vale da noção de 'opinião geralmente aceita'", como adverte Luís Alberto Warat. E "a nova retórica somente dirá algo qualitativamente distinto do *corpus* aristotélico quando se der conta do argumento como produto social".[160]

Mas não é exato que a argumentação judicial seja "sempre uma instância reprodutora dos valores predominantes". Também deve ser nuançada a afirmativa de que "todo argumento judicial atende sempre a dois níveis retóricos: por seu intermédio justifica-se – uma decisão e um sistema. Nunca uma decisão ficará claramente justificada se não provoca simultaneamente a reiteração periférica do sistema".[161] Com efeito, a argumentação judicial *tende* a reproduzir os valores predominantes, assim instrumentalizando o sistema político-jurídico a que corresponde, mas daí não se segue que, "cada vez que aceita um argumento, o receptor adere às opiniões dominantes, que estão na base do processo argumentativo".[162] É possível aceitar os *topoi* tradutores de concepções dominantes na ordem jurídica, utilizan-

---

[159] DÍAZ, Elías. "Ideología y Derecho; para una Crítica de la Cultura Jurídica Burguesa". In: ——. "Legalidad-Legitimidad en el Socialismo Democrático". Madrid: Civitas, 1978. p. 189-90.
[160] WARAT, Luís Alberto. Mitos e Teorias na Interpretação da Lei. Porto Alegre: Ed. Síntese, 1979. p. 119-20.
[161] *Ibid.*, p. 121.
[162] *Ibid.*, p. 120.

do-se deles para chegar a resultados opostos àqueles por ela colimados. Como pode o argumento justificar a decisão, conduzindo, no entanto, à modificação do sistema político-jurídico, ainda que se mantenham suas linhas-mestras. Ocorre, então, um reordenamento ou uma revalorização, seja de aspectos periféricos, seja das coordenadas fundamentais da ordem jurídica, no sentido de sua melhor adequação ao quadro histórico.

Tal o que se passou com a ação da Suprema Corte norte-americana, a *Corte Warren*, ao declarar inconstitucionais "leis, regulamentos de estradas de ferro e de estabelecimentos públicos, regimentos internos de escolas, colégios, universidades (e de) posturas municipais, contendo normas de discriminação racial, em certas regiões dos Estados Unidos", por contrariarem tais normas estaduais o estatuto fundamental do País, notadamente sua XIV emenda, seção I, onde se acha formulado o *topos* da *igual proteção das leis* a todos os cidadãos norte-americanos.[163]

Não é possível negar que da utilização dos *topoi* venha a resultar, com freqüência, o fortalecimento da ordem jurídica e do sistema econômico-político que ela traduz. Todavia, não é menos verdade que são muitos os exemplos em que, embora robustecendo-se, a ordem jurídica se humaniza, permitindo a reordenação dos interesses por ela regulados.

O mesmo "Direito alternativo", buscando utilizar-se da ordem jurídica para favorecer interesses por ela desconsiderados ou menosprezados,[164] através de um de seus destacados defensores, recomenda "buscar o justo

---

[163] MATA-MACHADO, Edgar de Godoi da. *Elementos de Teoria Geral do Direito*. Belo Horizonte: Vega, 1972. p. 22/3. Rodrigues, Lêda Boechat. *A Côrte Suprema e o Direito Constitucional Americano*. Rio de Janeiro: Forense, 1958. p. 229-304, 335.

[164] WOLKMER, Antonio Carlos. *Introdução ao Pensamento Jurídico Crítico*. São Paulo: Acadêmica, 1991. p. 66; ——.*Pluralismo Jurídico; Fundamentos de uma Nova Cultura no Direito*. São Paulo: Alfa-Omega, 1994. p. 271.

no caso concreto, com a superação do legalismo". Trata-se de usar o pensamento tópico, ampliando os "conceitos já estabelecidos numa ótica libertadora", tendo o Juiz consciência da significação de seu trabalho no quadro social concreto, vendo o Direito de modo totalizador e comprometido com o avanço social.[165]

O pensamento tópico, tendo tido o mérito de recolocar em evidência o problema – o caso concreto com suas peculiaridades – e os pontos de vista destinados à sua discussão e solução, ajuda o jurista a resguardar-se da tentação de proceder de modo lógico-dedutivo, mas não o põe ao abrigo da incidência da ideologia no pensamento jurídico. Para que a Ciência do Direito não se converta em reprodução obstinada do *statu quo*, só lhe resta ser crítica e construtiva, conjugando o pensamento sistemático e o tópico, utilizando-os complementarmente, à vista dos dados sociais reais, em função de que se desdobra sua atividade. Isto não pode ser feito sem transcender a identificação, feita por Viehweg, entre pensamento lógico-dedutivo e sistemático.[166] Admitido que a Ciência do Direito não pode renunciar à idéia de sistema, indispensável ao encontro da conexão interna e do sentido das normas jurídicas,[167] há que ter em vista aquilo que de tópico o raciocínio jurídico contém, sobretudo perceptível na interpretação e aplicação do Direito. Servirá, ao menos, a tópica, para que o pensamento sistemático não se transmute em lógico-dedutivo-conceitual, levando àquilo que Vico qualificava de depravação do humano.[168]

---

[165] CARVALHO, Amílton Bueno de. Jurista orgânico: uma Contribuição. *In*: *Magistratura e Direito Alternativo*. São Paulo: Ed. Acadêmica, 1992. p. 38-48.
[166] LARENZ, Karl, *op. cit.* acima, nota 32.
[167] COING, Helmut, *op. cit.* acima, nota 1, p. 35.
[168] VIEHWEG, Theodor, *op. cit.* acima, nota 3.

Parte VI

Ensino jurídico e politicidade do Direito

1. Origens históricas do modelo vigente

Refletir sobre o ensino jurídico supõe pensar e explicitar a *concepção* que o orienta. Esta, por seu turno, é sempre historicamente situada, correspondendo a certo contexto sociocultural, de que recebe a influência e sobre que age. A Ciência do Direito, como toda ciência, "não é uma atividade que opere no vazio, mas, sim, uma atividade social".[169]

Não tendo ela caráter especulativo, mas prático, ensino jurídico, concepção em que se funda e aplicação do Direito são temas necessariamente interligados. Vale dizer, em regra, a aplicação do direito positivo será tal ou qual conforme a concepção do Direito veiculada pelo ensino jurídico.

A concepção em que assenta o ensino jurídico, no Brasil, tem conotação positivista, com influência exegética, francesa, e dogmática, alemã. A característica fundamental do positivismo jurídico consiste em ater-se ao aspecto fenomênico do Direito, a seu dado sensível, constituído pelo Direito positivo, independentemente de sua valorização, que é proscrita do trabalho reputado

---

[169] LATORRE, Ángel. *Introducción al Derecho*. Barcelona: Ariel, 1974. p. 22.

"científico", no Direito. Na trilha kelseniana, os teóricos positivistas vieram a sustentar ser o Direito "uma ciência neutra, uma ciência objetiva".

Em conseqüência, o jurista abdicou de discernir "entre as diretivas emanadas de distintas formas de poder".[170] Esta concepção, justificável ao tempo em que se originou, desserve o presente, impedindo o Direito de colocar-se à altura dos seus desafios e contribuindo para aprofundar a crise histórica global, em que o Direito se acha inserido.

Vitoriosa a Revolução Francesa, a burguesia, depois de ascender defendendo o Direito Natural, foi constrangida a abandoná-lo, para consolidar seu poder. O caráter "descobridor", revolucionário, deste, foi substituído pelo signo da lei, em particular pelo Código Civil de 1804, visto em perspectiva fixista, pretendendo-se que a legislação havia recolhido a mensagem do Direito Natural, despojado, é bem de ver, de seu fermento inovador. Dele conservou, no entanto, a Ciência Jurídica, o espírito dedutivo, sistemático, que, doravante, caracterizaria a ordem jurídica e distinguiria o pensamento jurídico.

O significado e efeitos desse momento histórico foram apreendidos, de modo cabal, por Paolo Grossi, eminente mestre de História do Direito da Universidade de Florença. Com efeito, à classe burguesa coube "o mérito, não pequeno, de haver sido a primeira a compreender, inteiramente, o *valor político do Direito* e a grande força de coesão que é capaz de proporcionar ao poder político".

Caracterizava-se o Antigo Regime pelo pluralismo das fontes do Direito, em boa parte produzido por sujeitos privados, derivado da *interpretatio* dos doutores, do juiz e também dos notários. Compreendendo a im-

---
[170] VILLEY, Michel. *Leçons d'Histoire de la Philosophie du Droit*. 2. éd. Paris: Dalloz, 1962. p. 113.

portância do Direito, o detentor do poder político, "atribuiu-se a sua produção, estabelecendo um rígido monopólio sobre ela, compelindo a experiência jurídica a coincidir com o Estado, ancilosando-a".
Em conseqüência, o jurista foi relegado à categoria de *exegeta*, com uma função meramente passiva, empobrecendo-se sua capacidade construtiva. Desta forma, "o Direito, agora direito legal, corria o risco de separar-se da sociedade, carente que se achava de válvulas respiratórias, uma vez que as da norma legal se revelavam demasiado seletivas". O Direito "unia-se ao detentor do poder e à classe que o havia conquistado"...
O que fora o resultado de determinado jogo de forças históricas, foi projetado "até o paraíso dos modelos absolutos e se converteu na melhor solução possível para hoje e amanhã... Estabeleceu-se como conforme à natureza aquilo que era tão-só o instrumento inteligente e lúcido para a manutenção do poder conquistado a duras penas". Caracterizando-se a atitude exegética "por uma psicologia da inação", oferece "uma visão elementar e simplista, isto é, substancialmente não-problemática do universo jurídico, tendo impedido qualquer percepção de mudança e movimento".
Este cenário epistemológico, elaborado no século passado, lamentavelmente ainda ativo, tinha em vista, principalmente, "dois protagonistas – o Estado e o indivíduo. Um Estado com a estrutura mais simples de ser concebida e, por isto, monopolística; um ordenamento reduzido à lei e à lei mãe-de-todas-as-leis, o Código; um Código Civil, por sua parte, sustentado por uma única pilastra, a propriedade individual, articulado de modo muito simples com a intenção confessada de realizar a tutela e a livre circulação da propriedade, mediante o contrato, o testamento e a rigorosa responsabilidade contratual".[171]

---

[171] GROSSI, Paolo. *Absolutismo Jurídico y Derecho Privado en el Siglo. XIX*. Barcelona: Universitat Autònoma de Barcelona, 1991. O grifo é nosso.

Da Revolução Francesa, via Escola da Exegese, resultou uma Ciência Jurídica positivista, que cindiu o discurso jurídico, afastando sua dimensão crítico-valorativa.[172] Daí, resultou um dualismo ou uma justaposição de perspectivas, como se houvesse um Direito para o jurista e outro para o filósofo... adquirindo o aparelhamento conceitual vida própria, passando a valer em si e por si.[173]

O monopólio legislativo estatal, para ser eficiente, haveria de ser completado pela impossibilidade da criação jurisdicional do Direito. Do prestígio do *jus scriptum*, indispensável à unidade do Estado, superior ao costume (de difícil constatação e demorada fixação), resultou a circunscrição da atividade do jurista à análise técnica dos textos de origem legislativa.[174]

Ao sistema fechado do direito positivo haveria de corresponder o critério hermenêutico cerrado. Mas, para que o modelo teórico-exegético resultasse efetivo, fazia-se necessário *interferir* na *formação jurídica*, o que foi feito. Demonstra-o exemplarmente o discurso proferido pelo *doyen* Aubry, por ocasião da reabertura do curso da Faculdade de Direito de Strasbourg, em 1857, onde se lê: "Muito freqüentemente, em resumo, sobretudo nos últimos tempos, os limites assinalados pela interpretação foram ultrapassados por espíritos impacientes, menos preocupados em buscar o verdadeiro sentido da lei do que em modificá-la segundo sua vontade...", fazendo-se necessário que os professores reagissem, protestando, com firmeza, contra toda inovação, que tendesse a substituir-se à vontade do legislador.[175]

---

[172] AZEVEDO, Plauto Faraco de. *Justiça Distributiva e Aplicação do Direito*. Porto Alegre: Fabris, 1983. *passim*; ──. *Crítica à Dogmática e Hermenêutica Jurídica*. Porto Alegre: Fabris, 1989. *passim*.

[173] REALE, Miguel. *Teoria Tridimensional do Direito*. 2ª ed., rev. São Paulo: Saraiva, 1979. p. 3.

[174] MATA-MACHADO, Edgar de Godói da. *Elementos de Teoria Geral do Direito*. Belo Horizonte: Vega, 1972. p. 115.

[175] BONNECASE, Julien. *Introduction à l'Étude du Droit*. 2. éd. rev. aug. Paris: Recueil Sirey, 1931. p. 181-4.

A influência do liberalismo econômico sobre o método adotado pela Escola da Exegese (o *laissez faire* não podia ser molestado pela possível criação jurisdicional do Direito) demonstra a atuação da ideologia sobre a Ciência do Direito, pelo que, ao invés de negá-la, mais vale encará-la realisticamente, para poder opor-lhe resistência, deixando de lado o temor de sujar os punhos de renda dos juristas com sua impureza.

1.1. *A influência dogmática*

A ideologia também se revela na influência dogmática, alemã, exercida, de modo marcante, pelo Pandectismo sobre a Ciência do Direito. O pensamento tedesco pandectista, começando, com Savigny, pelas investigações históricas, terminou sendo ultrapassado e caracterizado pelo conceptualismo, distinguindo-se, nele, de modo geral, nítida influência do cientismo característico do século XIX. À época, era marcante a importância das ciências físico-matemáticas, cujos avanços inequívocos levaram a pensar-se que deveriam servir de modelo a toda atividade intelectual. Assim, nas matemáticas, via-se "o paradigma de uma ciência exata, cujos resultados eram totalmente convincentes e universalmente válidos".[176]

Deste modo, as ciências vieram a desprezar as letras, começando o "imperialismo do método científico... Chegou a hora de se satisfazer unicamente com as verdades positivas, e de estendê-las a todos os setores do conhecimento", abrangendo, inclusive, o próprio homem e a sociedade.[177]

Não obstante tudo quanto deve a Ciência do Direito ao Pandectismo, tem-se que este movimento culminou

---
[176] LATORRE, Ángel. *op. cit.*, p. 112-3.
[177] VILLEY Michel. *Leçons d'histoire de la Philosophie du Droit*, p. 70.

na *Begriffsjurisprudenz* (a Ciência Jurídica dos Conceitos), contra cujos "excessos das construções *a priori* e das deduções geométricas" veio a opor-se, na segunda parte de sua obra, Von Jhering, proclamando a importância da finalidade a atingir, para regular, de modo decisivo, as instituições e regras jurídicas.[178] Tudo está a demonstrar que não pode o ensino jurídico pautar-se por uma Ciência do Direito que cultive o Direito positivo, como o fez Savigny com o Direito Romano, "em um plano, de construção intemporal e absoluta", cujos conteúdos foram tratados como "objeto de conhecimento de uma ciência rigorosamente exata, fundada na lógica científica de sua época".[179] Sendo fora de dúvida o quanto deve a Ciência do Direito a este genial pandectista, não é menos verdade que o ciclo metodológico por ele iniciado está concluído. Até porque "a Escola Histórica, que parecia voltada ao sociologismo jurídico, engendrou o normativismo e o dogmatismo".[180]

1.2. Em busca de um modelo de ensino jurídico, atento à técnica, mas centrado na realidade social

Tendo em vista, em seu traços maiores, a influência exegético-dogmática sobre a Ciência do Direito, evidencia-se a necessidade de sua superação pelo ensino jurídico atual.

É inaceitável que o positivismo, que a ambas subjaz, continue a fracionar o Direito, de tal modo que à

---

[178] GENY, François. *Méthode d'Interprétation et Sources en Droit Privé Positif.* Préf. de Raymond Saleilles. 2. éd. rev. et mise au courant Paris: Librairie Générale de Droit et de Jurisprudence, 1954. t. 1, p. 8-9. A primeira edição desta obra data de 1899, e a segunda, revista e atualizada, data de 1919, tendo sido reimpressa em 1954.

[179] ZULETA PUCEIRO, Enrique. *Teoria del Derecho. Una Introducción Crítica,* Buenos Aires: Depalma, 1987. p. 122.

[180] HERNANDEZ GIL, Antonio. "Metodologia de la Ciencia del Derecho". *In: Obras completas.* Madrid: Espasa-Calpe, 1988. t. V, p. 77.

Ciência do Direito e ao jurista incumba tão-só a visão analítico-descritiva da ordem jurídica positiva, em uma atividade limitada aos juízos de constatação, independentemente do ajuizamento de seu valor e das suas conseqüências sociais reais. Não é possível continuar pretendendo construir o mundo jurídico separado do mundo histórico presente, em nome de uma dogmática positivista, que, dizendo-se neutra, revela, na verdade, nítida influência ideológica.

Não é possível suprimir da Ciência do Direito a *inarredável instância crítica*, sem a qual não há progresso jurídico possível. O reducionismo epistemológico positivista mutila a realidade ontológica do Direito, tornando-o incompreensível, na medida em que, além de separá-lo da realidade social, o transforma em reino encantado da taxinomia, das distinções e subdistinções sibilinas, morada das especializações obsessivamente demarcadas.

Esta divisão do conhecimento jurídico, em uma parte lógica, ocupada com as normas jurídicas positivas, e outra axiológica, ocupada com os valores, tanto subjacentes quanto buscados pela ordem jurídica, é insustentável, não podendo continuar a ser veiculada pelo ensino jurídico. Aceitando-a, além de mutilar-se a ontologia jurídica, concorre-se para induzir o jurista à suspensão ou à não-enunciação do juízo a respeito das instituições.

Deste modo, apresentam-se as doutrinas e teorias jurídicas desligadas de suas condicionantes sociais e políticas, como puras construções do espírito entre as quais é difícil escolher. Por outra parte, "a hiperespecialização, na senda positivista, longe de suscitar uma renovação do pensamento jurídico, o conduz a uma deplorável inconsistência... por deixar de suscitar algumas *questões de método*, que são questões de fundo".[181] O

---

[181] MIAILLE, Michel. Les Figures de la Modernité dans la Science Juridique Universitaire. *In*: Bourjol *et alii*. *Pour une Critique du Droit*. Grenoble: François Maspero-Presses Universitaires, 1978. p. 14.

resultado é a morte da cultura jurídica, "no sentido de que só pode haver cultura jurídica ligada a um espírito livre, isto é, um espírito crítico".[182]

Não pode o ensino jurídico compactuar docilmente com uma metodologia, que abstrai os *interesses* em questão, impedindo a aferição de seu valor e, logo, de sua escolha. Ao contrário, o ensino jurídico precisa cultivar o espírito crítico, fazendo desvelar os interesses protegidos ou ignorados pela ordem jurídica positiva, como condição de poder-se reconstruir o Direito em função das necessidades presentes. O jurista precisa estar apto a ler e compreender não somente as leis, como seu silêncio, pois é, comumente, na hábil tessitura entre o dito e o não dito que se armam as injustiças legalizadas.

O ensino jurídico deve contribuir ao encontro de uma concepção totalizadora do Direito, em que suas diversas dimensões se encontrem. "Não se entende plenamente o mundo jurídico se o sistema normativo (Ciência do Direito) se insula e separa da realidade em que nasce e à que se aplica (Sociologia do Direito) e do sistema de legitimidade que o inspira e deve sempre possibilitar e favorecer sua própria crítica racional (Filosofia do Direito).

"Uma compreensão totalizadora da realidade jurídica exige a complementaridade, ou melhor, a recíproca e mútua interdependência e integração destas três perspectivas ou dimensões, que cabe diferençar ao falar do Direito: perspectiva científico-normativa, sociológica e filosófica".[183]

Em vez de lavar as mãos diante da iniqüidade social, verdadeira chaga no Brasil, o ensino jurídico deve veicular um discurso aberto, centrado na realidade, na certeza de que o Direito deve ser instrumento de realização da justiça social. Para isto, abrir-se-á à interdiscipli-

---

[182] *Ibid.*, p. 144-5.

[183] DÍAZ, Elías. *Sociologia y Filosofia del Derecho*. Madrid: Taurus, 1976. p. 54.

naridade, ao confronto com o real, levando o estudante a raciocinar sobre as grandes questões de direito dentro do processo histórico global. Isto só é possível modificando-se o modo de ver as questões jurídicas.

Enquanto não se recusar a limitação positivista, de que deriva o discurso fechado sobre si mesmo, não será possível modificá-lo mediante a simples adição ou subtração de disciplinas, sem que haja uma mudança de fundo, uma mudança de fundamentos a orientar toda a sua estrutura.

O Direito não pode ser reduzido à mera técnica, embora a técnica jurídica seja de extrema importância e deva ser conhecida minudentemente, para que se possa tanto elaborar quanto aplicar adequadamente o Direito.[184] Mas a técnica é instrumental e, como tal, não pode ser vista como neutra, pura. Não pode o jurista ser insensível ao clamor do povo e surdo às lições e advertências

---

[184] Não pode o profissional do Direito "dispensar uma séria *preparação técnico-jurídica*, quaisquer que sejam as atividades que vá desempenhar. Menosprezar a dimensão técnica do Direito é formalizar o equívoco, pois qualquer ciência demanda e se serve de instrumentos técnicos... Mas a técnica tem função ancilar e deve estar a serviço de funções que o Direito se propõe alcançar: finalidades jurídicas, sim, mas, também, sociais e políticas. Por isto, o operador do Direito não pode prescindir da *formação sociopolítica* (humanística e interdisciplinar), que lhe consinta visão mais ampla do processo social, globalmente entendido". Grinover, Ada Pellegrini – Reforma do Ensino Jurídico. In: *OAB Ensino Jurídico. Diagnóstico, Perspectivas e Propostas.* 2ª ed. Brasília: Conselho Federal da OAB, 1996. p. 42. O ensino jurídico atual "funda-se em premissas ingênuas e idealistas, distanciadas de uma realidade socioeconômica explosiva, contraditória e conflituosa". A sua alteração "deve começar pela própria reflexão sobre o Direito a partir de uma crítica epistemológica do paradigma positivista-normativista", que o informa. Quanto às disciplinas técnicas, "é necessário antes estudá-las, se quisermos criticá-las de modo conseqüente. Como? Valorizando o papel formativo das disciplinas de natureza teórica, como a Teoria, a Filosofia e a Sociologia do Direito". Faz-se necessário "estudar o Direito Positivo na sua dimensão histórica... Se é certo que, enquanto saber de autoridade, a Ciência do Direito reproduz em sua estrutura interna as exigências de sua própria função na sociedade, é correto que a atividade dos juristas... não se limita à mera reprodução da ordem estabelecida". Faria, José Eduardo – O Ensino Jurídico. In: *OAB Ensino Jurídico. Diagnóstico, perspectivas e propostas.* 2ª ed. Brasília: Conselho Federal da OAB, 1996. p. 165-7. O grifo é nosso.

da História, em nome de uma técnica, que se exaure girando sobre seu próprio eixo.

No Brasil, o jurista há de ter em conta, tanto na elaboração quanto na aplicação do Direito,[185] a situação de exclusão de grande parte de nosso povo, que sobrevive como pode, sem saneamento básico, vivendo em subabitações, subalimentando-se, distante dos bens, em sentido amplo, os quais, ainda que, de modo ambíguo, a tecnologia tem colocado diante dos homens. Uns deles se servem, muitos outros os contemplam à distância, impossibilitados materialmente de deles servir-se, ainda que o ordenamento jurídico não os discrimine de modo explícito.

Demais, não sendo tolo o jurista, terá em conta que tal situação em nada contribui à estabilidade da ordem jurídica, sobre ser a cruel negação da fraternidade e da mesma caridade. Platão alude a quadro análogo, ao descrever a cidade *oligárquica*, advertindo ser "necessário que uma cidade assim não seja una, porém dupla, a dos pobres e a dos ricos, que habitam o mesmo solo e conspiram incessantemente uns contra os outros"; nesse quadro, tal situação é inevitável: "não se pode prevenir tal desordem nos governos oligárquicos; do contrário, uns não estariam aí ricos em excesso e outros em completa miséria."

Nesse contexto, completa o filósofo ateniense, há muitos malfeitores, "providos de ferrões, que as autoridades deliberadamente contêm pela força", os quais são engendrados pela "ignorância, a má-educação e a forma de governo".[186] Não podem a Ciência e o ensino do Direito ser alheios à dramaticidade dessa situação, em que sinistramente se configura o *estado de natureza* ima-

---

[185] AZEVEDO, Plauto Faraco de. *Aplicação do Direito e Contexto Social*. São Paulo: Revista dos Tribunais, 1996. *passim*.

[186] PLATON. "La République". *In: Oeuvres Complètes*. Trad. et notes par Léon Robin avec la collaboration de M. J. Moreau. / s.l./ Gallimard, 1950. v. 1, 551d, 552d-e, p. 1.150-1.151.

ginado por Hobbes, habitado pelo "homem lobo do homem" e animado pela "guerra de todos contra todos". Não contribui em nada a minorar tal quadro a indefensável identificação da legalidade com a legitimidade. Foi "na luta contra a arbitrariedade absolutista que se acreditou poder assegurar a legitimidade pela legalidade... (mas) ninguém crê, hoje, que todas as disposições do legislativo popular, em virtude de uma predestinação metafísica, sejam direito justo".[187]

Para que o jurista possa buscar soluções ao quadro político-jurídico presente, precisa ser instruído por um ensino jurídico aberto à contemplação da realidade, sem os antolhos do positivismo. Desarmado de preconceitos deste derivados, atentará, com conveniência manifesta, à *pluralidade dos ordenamentos jurídicos* dentro do Estado, onde o Direito estatal não é único, mas tão-só o Direito dominante.[188]

A pluralidade de ordenamentos jurídicos, sobre que Boaventura de Souza Santos chamou a atenção modernamente,[189] não é, no entanto, fenômeno novo. Já o Direito Romano, reconhecendo, realisticamente, sua problemática, buscou dar-lhe tratamento mediante a instituição do *pretor peregrino*, em 242 a. C.[190]

Da reflexão sobre os ordenamentos jurídicos plurais, resulta ampliado o campo do Direito, podendo o jurista comparar as instituições emanadas da ordem jurídica estatal com suas congêneres advindas de pólo ou pólos de irradiação jurídica não-estatal, o que segura-

---

[187] HELLER, Hermann. *Teoria do Estado*. São Paulo: Mestre Jou, 1969. p. 265.

[188] CLÈVE, Clemerson Merlin. *Temas de Direito Constitucional (e de Teoria do Direito)*. São Paulo: Acadêmica, 1993. p. 218, nota 19.

[189] SANTOS, Boaventura de Souza. The Law of the Opressed: the Construction and Reproduction of Legality in Pasargada. *Law and Society Review*, Denver, Colorado, 12 (1):5-126, *autumn*, 1977; ——. Notas sobre a História Jurídico-Social de Pasárgada. *In*: Souto, Cláudio e Falcão, Joaquim. *Sociologia do Direito*. São Paulo: Livraria Pioneira, 1980. p. 109-117.

[190] CASTRO, Amílcar de. *Direito internacional privado*. Rio de Janeiro: Forense, 1956. v. 1, p. 140-1.

mente conduzirá à indagação do porquê dessa limitação da eficácia do Direito estatal. Deve-se ela, dentre outras razões, ao desajuste da ordem jurídica oficial à situação e às vivências das pessoas vivendo sob esses outros pólos de irradiação do Direito. A conclusão é simples – são inúteis, quando não são nocivas, as instituições jurídicas não adequadas à vida concreta dos homens. Haurindo o Direito sua seiva nos problemas do povo, corre menor risco de tornar-se elitista.[191]

Nesta perspectiva, o Direito e seu ensino têm muito a enriquecer-se atentando aos *direitos humanos*, à sua validade tanto imanente quanto constitucional, mas, principalmente, à necessidade de fazê-los valer, tornando-os efetivos, em favor da dignidade humana. O mesmo pode dizer-se quanto à jurisprudência, sobretudo à criação jurisdicional do Direito, tendo em vista a atualização dos diplomas legais às exigências presentes, em que se verifica a contribuição do Poder Judiciário à função transformadora do Direito.

Tem-se que assinalar a importância, a este e outros respeitos, da importante publicação do "Centro de Educação Aberta, Continuada, à Distância (CEAD), da Universidade de Brasília, coordenada pelo Professor José Geraldo de Souza Júnior, contendo textos ricos de sugestões à reflexão inovadora da concepção do Direito".[192]

Não se pode deixar de revelar a importância da meditação crítica, aberta e independente do chamado *Direito Alternativo*, corrente brasileira do *uso alternativo do Direito*. "Trata-se de um movimento quase espontâneo, não-organizado, em princípio, resultante de posições teóricas as mais diversas, que tem como objetivo redefinir a juridicidade", buscando "rever o Direito em

---

[191] AZEVEDO, Plauto Faraco de. *Aplicação do Direito e Contexto Social*. São Paulo: Rev. dos Tribunais, 1996. p. 66-70.

[192] SOUZA JÚNIOR, José Geraldo, ed. *O Direito Achado na Rua*. 3ª ed. Brasília: Núcleo de estudos para a paz e direitos humanos. Centro de Educação Aberta, Continuada, à Distância, s. d.

suas múltiplas relações com a política e com a sociedade".[193]

Desvenda, portanto, o *Direito Alternativo* a politicidade do Direito, suas múltiplas relações com a política e com a sociedade".[194] Desvenda, portanto, o *Direito Alternativo* a politicidade do Direito, ocultada pela "ideologia da separação",[195] engendrada pelo positivismo e veiculada acriticamente pelo ensino jurídico.

Integram esta importante vertente do pensamento jurídico crítico brasileiro juristas de variadas inspirações e tendências, unidos pelo desejo comum de mudar o modo de conceber o Direito e sua metodologia de solução de questões práticas, visando à superação da perspectiva formal que a tem dominado.[196]

Não restando dúvida quanto à intromissão da ideologia, no Direito e no ensino jurídico, trata-se de procurar contê-la dentro de limites aceitáveis, o que só é possível mediante a reflexão crítica, aberta à discussão das premissas e demais proposições do pensamento, discutindo-as e suscitando sua discussão, na certeza de

---

[193] CLÈVE, Clèmerson Merlin. "Sobre o Uso Alternativo do Direito". *In: Temas de Direito Constitucional (e de Teoria do Direito)*. São Paulo: Acadêmica, 1993. p. 210.

[194] Ibid.

[195] LYRA FILHO, Roberto. *Para um Direito sem Dogmas*. Porto Alegre: Fabris, 1980. p. 42-3, *passim*.

[196] *Vide*, a respeito, dentre outros textos: Arruda Júnior, Edmundo Lima de, ed. *Lições de Direito Alternativo*. São Paulo: Acadêmica, 1991-1992, 2v.; *Revista de Direito Alternativo*, São Paulo: Acadêmica, 1992-1993, n°s 1 e 2 (org. por Amilton Bueno de Carvalho); Carvalho, Amilton Bueno de. *Magistratura e Direito Alternativo*, apresentação de Edmundo Lima de Arruda Júnior. São Paulo: Acadêmica, 1992; Coutinho, Jacinto Nelson de Miranda. "Direito Alternativo: Têm Razão os Juízes Gaúchos". *Boletim Informativo do Instituto de Pesquisas Jurídicas Bonijuris*, Curitiba, 3 (74): 844-845, jan./1990; Coelho, Luiz Fernando. "Do Direito Alternativo (II)". *Boletim Informativo do Instituto de Pesquisas Jurídicas Bonijuris*, Curitiba, 3(74):846-848, jan./1990; Rodrigues, Horácio Wanderlei, ed. *Lições Alternativas de Direito Processual*. São Paulo: Acadêmica, 1995; Coutinho, Jacinto Nelson de Miranda. "Um novo ensino do Direito Processual Penal" *In*: Rodrigues, Horácio Wanderlei, ed. *Lições Alternativas de Direito Processual* . São Paulo: Acadêmica, 1995. p. 78-89.

que o discurso jurídico se construirá tanto melhor quanto mais permeável ao debate mostrar-se o jurista.[197]

Das ideologias, uma há que, neste momento, abre seu manto aziago sobre a humanidade, prometendo a salvação, enquanto pretende fazer marcha à ré histórica, tragando os direitos sociais, produto de lutas seculares e pedra-de-toque do constitucionalismo. É ela a ideologia *neoliberal* que, a pretexto de "desregulamentar" o "mercado" e de "flexibilizar" os direitos, instaura o darwinismo social, investindo contra as conquistas do liberalismo, com desprezo pelo homem e pelo Direito.

Sob sua inspiração, está-se a demolir a Constituição de 1988, que, no que resta, tem que ser defendida e preservada. A passividade, diante dessas agressões continuadas ao Direito, depõe contra o jurista. O jurista deve ser homem atento aos acontecimentos de seu tempo, capaz de reagir, enquanto intelectual em situação privilegiada, para compreender o que se passa. O traço específico do intelectual "é o anticonformismo, ainda que não-revolucionário, ainda que nem sempre oposicionista".[198]

É este véu ideológico que quer fechar o horizonte histórico. Cumpre afastá-lo, energicamente, para poder "ter olhos para enxergar o 'novo'. O 'novo' já está acontecendo, o problema é que os atuais modelos teóricos não conseguem percebê-lo e retratá-lo"... A questão está em "encaminhar-se para a mudança gradual, preservando certas conquistas políticas e jurídicas, essenciais à própria civilização, e possibilitando, concomitantemente, a construção e o avanço ininterrupto de melhores condições de vida humana".[199]

---

[197] AZEVEDO, Plauto Faraco de. *Aplicação do Direito e Contexto Social*, p. 20-3.

[198] FAORO, Raymundo. *A Injustiça nos Tribunais*. Aula inaugural na faculdade de Direito da UFRGS, a 20-03-86.

[199] WOLKMER, Antônio Carlos. *Pluralismo Jurídico. Fundamentos de uma Nova Cultura no Direito*. São Paulo: Alfa-Omega, 1994. p. 316.

Parte VII

Do método jurídico: reflexões sobre o normativismo Kelseniano e a criação judicial do Direito

Com a consolidação do legalismo jurídico, veio-se "a entronizar a forma como critério de validade das normas, apagando-se a distinção que sempre foi essencial entre legalidade e legitimidade".[200] Ao termo desta evolução, Kelsen, cujo desejo proclamado era de elaborar uma ciência jurídica, tão sólida quanto o pareciam ser as ciências naturais,[201] termina por assimilar a justiça à legalidade.[202] Demais, para o criador da Teoria Pura do Direito, "todo e qualquer conteúdo pode ser Direito". A ordem jurídica, cujo fundamento se acha "na norma

---

[200] SALDANHA, Nelson. A Revolução Francesa e o Pensamento Jurídico-político Contemporâneo. *Revista de Informação Legislativa*, Brasília, 27 (105): 173-180, jan./mar., 1990, p. 178.

[201] HAESAERT, J. *"Théorie Générale du Droit"*. Bruxelles: Bruylant; Paris: Sirey, 1948, p. 50.

[202] "Este cambio de significación del concepto de la justicia corre paralelamente a la tendencia a sustraer el problema de la justicia del inseguro reino de los juicios subjetivos de valor, para establecerlo sobre la firme base de un orden social dado. 'Justicia' en este sentido significa legalidad; 'justo es que una regla general sea efectivamente aplicada en aquellos casos en que, de acuerdo con su contenido, debe aplicarse. 'Injusto sería que la regla fuese aplicada en un caso y dejase de aplicarse en otro similar. Y esto parece injusto independientemente de cuál sea el valor intrínseco de la regla general cuya aplicación es examinada. Justicia, en el sentido de legalidad, es una cualidad que no se refiere al contenido de un orden positivo, sino a su aplicación." Kelsen, Hans. *Teoria General del Derecho y del Estado*. Trad. de Eduardo Garcia Maynez. 3ª ed. México: Textos Universitários, 1969. p. 16.

fundamental", constitui "uma construção escalonada de normas supra-infra-ordenadas umas às outras". À sua vez, "na pressuposição da norma fundamental, não é afirmado qualquer valor transcendente ao direito positivo". Ainda, segundo a norma fundamental, "o governo efetivo, que, com base numa Constituição eficaz, estabelece normas gerais e individuais eficazes, é o governo legítimo do Estado".[203] Todas estas passagens denotam o purismo metodológico kelseniano. Todavia, onde melhor ele se torna visível, é quando proclamou, em 1934, que "o Direito da República Soviética há de ser considerado, em todas as suas partes componentes, tão expressivo de uma ordem jurídica quanto o da Itália fascista ou da França democrática capitalista".[204] Em suma, o conteúdo das normas jurídicas torna-se irrelevante, tendo elas sido regularmente elaboradas, em consonância com a norma fundamental. O que conta é a efetividade das normas, sua imposição por um poder efetivo, cuja forma de estabelecimento não vem ao caso, do ponto de vista da Ciência Jurídica.

Lamentavelmente, prevaleceu, sobretudo na América Latina, o aspecto restritivo das idéias de Kelsen, a limitação gnosiológica, que favorece a aceitação dos golpes de Estado, das quarteladas, que têm entretecido tristes páginas da história político-jurídica deste continente. Também contribui, ela, para sedimentar a cisão do discurso jurídico, que, a partir do positivismo-exegético, tem separado a Ciência do Direito de sua dimensão crítico-valorativa, de suas projeções sociais e, logo, de seu assento histórico, contribuindo ao seu isolamento

---

[203] KELSEN, Hans. *Teoria Pura do Direito* (Reine Rechtslehre). 2ª ed. Trad. por João Baptista Machado. Coimbra: Arménio Amado, 1979. p. 273, 277-8, 291.

[204] KELSEN, Hans. The Pure Theory of Law. *Law Quarterly Review* 50: 474-83, 1934. Este texto é reproduzido por Bodenheimer, Edgar. *Ciência do Direito. Filosofia e Metodologia Jurídicas* (Jurisprudence. The Philosophy and Method of the Law). Trad. por Enéas Marzano. Rio: Forense, 1966. p. 122.

das aspirações populares,[205] conduzindo ao ceticismo decorrente da existência de duas verdades, a dos leigos e a dos juristas.[206] Mas, não obstante o purismo metodológico, de que Kelsen nunca se apartou, verdade é que sua obra deixou importantes contribuições à Teoria Geral do Direito, a começar pela concepção piramidal do ordenamento jurídico, em que se apóia sua elaboração e aplicação, assim como o fundamento da instituição dos tribunais constitucionais. Sem a noção de hierarquia das fontes do Direito, não há como, cientificamente, orientar o raciocínio jurídico.

Como releva Dalmo Dallari, "Kelsen exerceu influência política e deu contribuição muito importante para que a Constituição penetrasse no mundo jurídico, com a mesma força com que existia no mundo político".[207] Prosseguindo o trabalho de vários juristas alemães, em que avulta a "Teoria Geral do Estado", de Georg Yellinek, "Kelsen desenvolveu uma teoria constitucional, tendo por base a Constituição como lei fundamental e suprema do Estado. E, complementando essa teorização, preocupou-se com a efetiva aplicação das normas constitucionais como superiores e condicionantes de toda legislação". Sua contribuição político-jurídica foi fundamental para a criação e a fixação das competências de uma Corte Constitucional.[208]

Apesar da relevância deste contributo, o que de Kelsen permaneceu, de modo decisivo, na América Lati-

---

[205] AZEVEDO, Plauto Faraco de. *Justiça Distributiva e Aplicação do Direito*. Porto Alegre: Fabris, 1983, p. 105-133; ——. *Crítica à Dogmática e Hermenêutica Jurídica*. Porto Alegre: Fabris, 1989, p. 44-57.

[206] FAORO, Raymundo. *A Injustiça nos Tribunais*. Aula inaugural na Faculdade de Direito da UFRGS, a 20-03-86. Porto Alegre: UFRGS, 1986. p. 13-4.

[207] DALLARI, Dalmo de Abreu. *O Poder dos Juízes*. São Paulo: Saraiva, 1996. p. 82.

[208] *Ibid*. Dentre os autores que tratam deste aspecto, destaca este autor, Machacek, Rudolf. *Austrian Contributions to the rule of Law*. Arlington: N. P. Engel, 1994.

na e no Brasil, foi a concepção normativa do Direito, "que afastou os fundamentos filosóficos e sociais e reduziu o Direito a uma simples forma, que aceita qualquer conteúdo... Essa concepção do Direito é conveniente para quem prefere ter a consciência anestesiada e não se angustiar com a questão da justiça, ou então para o profissional do Direito, que não quer assumir responsabilidade e riscos, e procura ocultar-se sob a capa de uma aparente neutralidade política. Os normativistas não precisam ser justos, embora muitos deles sejam Juízes".[209]

No entanto, apesar de sua limitação metodológica insolúvel, cumpre observar, como é visível na própria Teoria Pura do Direito, que o positivismo promoveu "o conhecimento do lado existencial do Direito".[210]

Por outra parte, o purismo gnosiológico de Kelsen não impediu sua percepção do caráter necessariamente criador da aplicação judicial do Direito. Dentro da concepção piramidal (escalonada) da ordem jurídica, a relação existente entre as normas de um escalão superior e outro inferior da ordem jurídica, como a relação entre Constituição e lei ou (entre) lei e sentença judicial, é uma relação de determinação ou vinculação: a norma do escalão superior regula o ato através do qual é produzida a norma do escalão inferior... ela determina não só o processo, em que a norma inferior "é posta", mas, também, eventualmente, o conteúdo da norma a estabelecer... Esta determinação nunca é, porém, completa... Tem sempre de ficar *uma margem*, ora maior, ora menor, de *livre apreciação*, guardando a norma do escalão superior, "em relação ao ato de produção normativa... que a aplica, o caráter de um 'quadro ou moldura' a preencher por este acto. Mesmo uma ordem o mais pormenorizada

---

[209] Dallari, *op. cit.*, p. 82-3.

[210] Henkel, Heinrich. *Introducción a la Filosofía del Derecho* (Einfürung in die Rechtsphilosophie). Trad. por Enrique Gimbernati Ordeig. Madrid: Taurus, 1968, p. 634.

possível tem de deixar àquele que a cumpre... uma pluralidade de determinações a fazer". Há que se ter em conta "*a pluralidade de significações* de uma palavra ou de uma seqüência de palavras, em que a norma se exprime", podendo, também, ocorrer discrepância "entre a expressão verbal de uma norma e a vontade da autoridade legisladora". Desses fatores decorrem várias possibilidades à aplicação do Direito, podendo a interpretação conduzir a várias soluções possíveis. A sentença, fundada na lei, é "uma das normas individuais que podem ser produzidas dentro da moldura da norma geral", ao contrário do que pretende a Ciência do Direito tradicional. Não há nenhum método de interpretação que conduza a um único resultado "correto". Assim, "a necessidade de uma interpretação resulta justamente do facto de a norma a aplicar ou o sistema das normas deixarem várias possibilidades em aberto...".[211]

Em conseqüência, não resta dúvida que a interpretação judicial, especialmente quando realizada pelos tribunais de última instância, freqüentemente "cria o Direito". Embora, do ponto de vista material, a vinculação do Juiz ao direito positivo seja maior do que a do legislador, também o Juiz cria o Direito, sendo, "nesta função, relativamente livre".[212]

Este reconhecimento não impede que Kelsen se mantenha dentro do purismo metodológico. "A questão de saber qual é, dentre as possibilidades que se apresentam nos quadros do Direito a aplicar, a 'correta' ", não é um problema de Teoria do Direito, mas de política jurídica. Por outra parte, além da função voluntária de fixação da moldura legal, no caso concreto, segundo as possibilidades abertas pelo tipo legal, pode verificar-se "uma atividade cognoscitiva do órgão aplicador do Direito", importando na criação de "normas de moral,

---

[211] Kelsen, Hans. *Teoria Pura do Direito*, p. 463-69. O grifo é nosso.

[212] *Ibid.*, p. 469.

normas de justiça, juízos de valor sociais, que costumamos designar por expressões correntes como bem comum, interesse do Estado, progresso, etc. Do ponto de vista do direito positivo, nada se pode dizer sobre sua validade e verificabilidade". Tão-só pode dizer-se que dele desbordam, pois, se assim não fosse, nele se transformariam.[213]
Como é característico da atitude positivista, Kelsen afasta tais considerações do âmbito do direito positivo, de que, de modo exclusivo, haveria de cuidar o jurista, tratando da Ciência do Direito moldada nas ciências físico-matemáticas. Os juízos de valor, embora ocorrentes na interpretação do Direito, lhe devem ser alheios. Todavia, essa construção, devido ao seu caráter formal, não ficou ao abrigo da suspeição ideológica, como haveria de referir seu próprio autor, embora isto lhe parecesse demonstrar a sua pureza.[214]
Legaz y Lacambra considera a *Teoria Pura do Direito* "a expressão máxima daquilo que o cientificismo jurídico produziu em nosso tempo" e seu autor "uma figura de não menor grandiosidade do que Savigny". Mas entende ser impossível um formalismo radical, tendo em vista seu condicionamento cultural, do que resulta ser inevitável a irrupção do elemento ideológico. Em Kelsen, irrompe a *"ideologia do Estado de Direito liberal-burguês"*, e são os valores desta que conferem um sentido axiologicamente plausível à sua construção científica. Mas, quando "quer reagir à sua própria ideologia, seu formalismo mostra seus aspectos mais negativos, a pureza e o desinteresse da construção científica não compensam a perda de outros valores substanciais". Ter em conta a ideologia mostra-se fundamental para impedir a assimilação resignada do Estado de Direito ao Estado nacional-socialista. O fato de o Estado nazista ter

---

[213] *Ibid.*, p. 469-70.

[214] *Ibid.*, prefácio à 1ª ed., p. 9-10.

tido um ordenamento jurídico (efetivo) não permite tal aproximação, a menos que se diga que "o Estado de Direito nada tem de específico, nem mesmo relativamente ao Estado despótico".[215]

O desígnio de Kelsen foi o de libertar a Ciência do Direito "de todos os elementos que lhe são estranhos", evitando um sincretismo metodológico, que lhe obscurecesse a essência "e diluísse os limites que lhe são impostos pela natureza de seu objeto".[216] Para tal, teve que optar por uma concepção da ciência, a qual Legaz y Lacambra trata de pôr à luz. No início, foi ela impregnada das premissas neokantianas, de que se foi desvencilhando, em direção ao positivismo lógico, cujas posições se foram radicalizando em um sentido antimetafísico e cientificista, fazendo da filosofia tão-só uma teoria da ciência. Tendo sido a preocupação primária de Kelsen científica, e não filosófica, "não necessitou apartar-se de nenhum pressuposto filosófico, deixando, simplesmente, patentear-se a influência do positivismo lógico enquanto teoria da ciência".[217]

Mas, apesar da lógica irrepreensível do purismo kelseniano – em que, sem dúvida, se acha um de seus maiores atrativos –, falha ele, como todo o positivismo jurídico, de que seu pensamento constitui o aspecto mais refinado, ao negar à Ciência do Direito sua irredutível dimensão axiológica. É, aliás, o objetivo declarado por Larenz demonstrar que *"a Ciência do Direito desenvolve por si métodos de um pensamento 'orientado a valores'*, que permitem complementar valorações previamente dadas, vertê-las no caso singular e orientar a valoração que de cada vez é exigida, pelo menos em determinados limites, a tais valorações previamente dadas. Nesta medida, são as valorações suscetíveis de confirmação e passíveis de

---

[215] LEGAZ Y LACAMBRA, Luís. Kelsen hoy. *Boletim da Faculdade de Direito*, Coimbra, 48: 233-252, p. 247-8. O grifo é nosso.

[216] KELSEN, Hans, *Teoria Pura do Direito*, p. 17-8.

[217] LEGAZ Y LACAMBRA, *op. cit.*, p. 240-1.

uma crítica racional". Assim sendo, é preciso, no entanto, "afastar a idéia de que os resultados obtidos por essa via poderiam alcançar o mesmo grau de segurança e precisão de uma dedução matemática ou de uma medição empreendida de modo rigorosamente exato".[218] A experiência jurídica está a demonstrar "que os raciocínios jurídicos são inseparáveis de incessantes controvérsias", o que ocorre não só entre os mais eminentes juristas, como entre os juízes e tribunais mais prestigiosos. Tanto assim é que tais desacordos, encontráveis tanto na doutrina como na jurisprudência, "obrigam, na maioria das vezes, após a eliminação das soluções não-razoáveis, à imposição de uma solução através da autoridade, seja a da maioria, seja a das instâncias superiores, critérios que, aliás, na maioria das vezes, se combinam. Aqui se encontra o ponto em que o raciocínio jurídico se distingue daquele que caracteriza as ciências dedutivas – nas quais é mais fácil chegar a um acordo sobre as técnicas de cálculo ou medida –, assim como daquele que se encontra na filosofia e nas ciências humanas, onde, não havendo acordo, nem um juiz capaz de encerrar os debates através de seu julgamento, cada um permanece em suas posições". Distingue-se o raciocínio jurídico do raciocínio dedutivo puramente formal "em virtude de não poder, exceto muito raramente, ser considerado correto ou incorreto, de uma maneira por assim dizer impessoal". Não se pode esquecer que "são raras as situações em que as boas razões em favor de uma solução não sejam contrabalançadas por razões mais ou menos boas em prol de uma solução diversa...".[219] Todo o trabalho de Perelman constitui, em última análise, um esforço de libertação do círculo do puro raciocínio lógico-formal-dedutivo, mos-

---

[218] LARENZ, Karl, *op. cit.*, 5ª ed. rev. trad. port., 1989, p. 3. O grifo é nosso.

[219] PERELMAN, Ch. *Logique Juridique; Nouvelle Rhétorique*. Paris: Dalloz, 1976. p. 6.

trando que, se o Direito dele também se utiliza, não pode a ele limitar-se. Os raciocínios característicos do Direito são os "dialéticos", conducentes ao provável, ao verossímil, em que, como já mostrara Aristóteles, se exercita a "argumentação".[220]

Neste mesmo sentido, acentua Recaséns Siches que "a norma jurídica não é mais do que um pedaço de vida humana objetivada" e que o direito positivo é "a resposta que o legislador, a sociedade ou o juiz dá para satisfazer determinadas necessidades ou urgentes demandas sociais, para resolver certos problemas humanos, tal como se apresentam em determinado tempo e lugar, inspirando-se, para isto, naquelas 'valorações' que julga corretas". Está o direito positivo sujeito a determinado "contexto situacional",[221] o que indica a limitação do conceptualismo e do dedutivismo na interpretação – as normas jurídicas, "ainda que formuladas em termos gerais, não são princípios *a priori* com validez absoluta...".[222]

Tanto basta para que se evidencie o caráter insofismável da dimensão axiológica da Ciência do Direito. Seu obscurecimento, resultante do trabalho secular da ideologia positivista, conduz à petrificação da ordem jurídica, à abdicação da responsabilidade do jurista, ao fechamento do discurso jurídico sobre si mesmo e a seu eventual desacordo com a realidade, à mecanização da aplicação do Direito, mediante o impedimento da criação jurisdicional do Direito pela via hermenêutica. "Não há outra forma de salvar a organicidade legislativa além de um trabalho de elaboração judicial coerente, não só

---

[220] PERELMAN, Ch. & OLBRECHTS-TYTECA, Lucie. *Traité de L'argumentation*. 3e. éd. Bruxelles: Université de Bruxelles, 1976; Aristote. *Éthique à Nicomaque*. 2e. éd. Paris: Librarie Philosophique J. Vrin, 1967. III, 5, 1112-a, 1112-b; ———. *Rhétorique*. 2e. éd. Paris:Les Belles Lettres, 1960. I (1-4).

[221] RECASÉNS SICHES, Luís. *Nueva Filosofía de la Interpretación del Derecho*. 2.ed. aum. México: Porrúa, 1973. p. 274-6.

[222] *Ibid.*, p. 275-6.

quanto à lógica interna do discurso jurídico, como também no que toca à sua lógica política. A falta de um Poder Judiciário capaz de executar esta tarefa pode provocar insegurança jurídica grave, com o conseqüente perigo para a democracia", de que se beneficiam seus inimigos declarados.[223]

---

[223] ZAFFARONI, Eugenio Raúl. *Estructuras Judiciales*. Buenos Aires: Ediar, 1994. p. 28. Há tradução brasileira desta obra sob o título: *Poder Judiciário. Crise, Acertos e Desacertos*. Trad. de Juarez Tavares. São Paulo: RT, 1995.

Parte VIII

Do Direito Ambiental: reflexões sobre seu sentido e aplicação

1. Pressupostos da reflexão

Pensar sobre o Direito Ambiental importa em refletir sobre o solo da vida - o ambiente - em seus infinitos ecossistemas e correlações, em cuja totalidade insere-se a vida humana.[224] É sobre a base da natureza que o homem desenvolve sua atividade cultural, segundo certos valores, na busca de múltiplos objetivos, cuja paulatina tessitura constitui a História.[225]

A experiência jurídica é experiência histórico-cultural, em cuja realização "o homem altera aquilo que lhe é 'dado', alterando-se a si próprio".[226] Para que a reflexão sobre o direito possa ser convincente, há que situá-lo

---

[224] "A consciência ecológica, em seu nível mais profundo, é o reconhecimento intuitivo da unicidade da vida, da interdependência de suas múltiplas manifestações e de seus ciclos de mudança e transformação". Capra, Fritjof. *Sabedoria incomum. Conversas com pessoas notáveis* (Uncommon Wisdom. Conversations with Remarkable People). Trad. Carlos Afonso Malferrari. São Paulo: Cultrix, 1988. p. 89.

[225] Cultura é aqui vista em sentido antropológico, designando o conjunto de artefatos e mentefatos, elaborado pelo homem, sobre a base da natureza, na busca de finalidades humanas. Vide, a respeito, Hoebel, E. Adamson. "A natureza da cultura". *In*: Shapiro, Harry L., org., *Homem, cultura e sociedade* (Man, Culture and Society). Trad. de G. Robert Coaracy e Joanna Coaracy. Rio de Janeiro: Fundo de Cultura, 1956. p. 218; Azevedo, Plauto Faraco de. *Limites e justificação do poder do Estado*. Petrópolis: Vozes, 1979. p. 57-62.

[226] Reale, Miguel. *Lições preliminares de direito*. São Paulo: Saraiva, 1976. p. 26.

onde se encontra – no processo histórico global –, sem cortes epistemológicos artificiais, considerando-o *criticamente*, mediante a sua permanente valoração.[227] Não pode a pretensão científica do direito se sobrepor à sua funcionalidade nem tolher a aferição de sua razoabilidade. É preciso buscar recuperar o sentido do discurso jurídico, apreendendo todas as suas manifestações, e não apenas de algumas dentre elas, previamente eleitas e determinadas. Como escreve Elías Díaz, "não se entende plenamente o mundo jurídico se o sistema normativo (Ciência do Direito) se isola da realidade social em que nasce e a que se aplica (Sociologia do Direito) e do sistema de legitimidade que o inspira, o qual deve sempre possibilitar sua crítica racional (Filosofia do Direito). Uma concepção totalizadora da realidade jurídica exige a complementaridade... destas três dimensões, que cabe diferençar quando se fala do direito: perspectiva científico-normativa, sociológica e filosófica.[228] Rejeitando-se a restrição gnosiológica positivista, segundo a qual a Ciência Jurídica só haveria de reconhecer o *direito que é*,[229] mostra-se a ordem jurídica como fruto necessariamente impuro da vida de relação, refletindo seus confrontos de interesses e de opiniões, vinculada à economia e à política, traduzindo determinada concepção de vida simplificada por sua formulação ideológica.[230]

---

[227] Fica, desde logo, afastada a concepção positivista, que julga poder considerar as normas jurídicas, independentemente de sua valoração, já que a aferição de sua justiça ou injustiça não incumbiria ao jurista enquanto tal, em virtude de constituir questão metajurídica.

[228] Díaz, Elías. *Sociologia y filosofia del derecho*. Madrid: Taurus, 1976. p. 54.

[229] Kelsen, Hans. *Teoria pura do direito* (Reine Rechtslehre) Trad. por João Baptista Machado. 2.ed. Coimbra: Armênio Amado, 1979, *passim*; ——. *Teoria general del derecho y del Estado*. Trad. de Eduardo Garcia Maynez. 3.ed. México: Textos Universitários, 1969. *passim*.

[230] Por ideologia entende-se "o pensamento teórico, que julga desenvolver-se abstratamente sobre seus próprios dados, mas que é, em verdade, expressão de fatos sociais, particularmente econômicos, dos quais aquele que a constrói não tem consciência, ou, ao menos, não se dá conta de que eles determinam seu pensamento". Lalande, André. *Vocabulaire technique et critique de la philosophie*. éd.rev. aug. Paris: Presses Universitaires de France, 1968. p. 459.

É a partir destes pressupostos que conduziremos nossas reflexões sobre o Direito Ambiental, cujo surgimento é contemporâneo de uma crise civilizatória sem precedentes, a tal ponto que um dos pioneiros na luta por uma consciência ambiental, no Brasil, já se perguntava, em 1978, se estaríamos em face do "fim do futuro".[231]

2. Crise ambiental, concepção científica e ideologia

O Direito Ambiental surge como uma resposta à necessidade, cada vez mais sentida, de pôr um freio à devastação do ambiente em escala planetária, embalada por duas ideologias – a do progresso, derivada do racionalismo iluminista, e a do "desenvolvimento econômico", concebida no chamado Primeiro Mundo -, ambas arrimadas na concepção mecanicista da ciência, a qual, mercê dos êxitos tecnológicos que propiciou, mudou rapidamente a compreensão e a mesma face do mundo.

A ciência, de cunho físico-matemático, ensejou a criação de um horizonte simultaneamente ilimitado e sem possibilidade de retorno, em que a descoberta enseja a descoberta, concretizando-se em miraculosas realizações. Mas, não é menos verdade que, tendo reduzido "a natureza ao que é passível de medida", introduziu uma ruptura que se tem progressivamente aprofundado. Neste contexto, "a física torna-se o paradigma de toda ciência", tendo Edmund Husserl o "incontestável mérito de ter chamado a atenção para o fenômeno do encobrimento histórico" por ela realizado. "Husserl insiste justamente no fato de que o próprio sucesso da física galileana acarreta *o encobrimento do mundo da vida*,

---

[231] Lutzemberger, José A. *Fim do futuro? Manifesto ecológico brasileiro.* Introd. por Lair Ferreira. Porto Alegre: UFRGS, ed. Movimento, 1978.

de tal forma que a noção de uma natureza construída matematicamente eclipsou a noção pré-científica – comum – da natureza".[232]

Esse encobrimento do ambiente, essa cisão entre ciência e natureza, essa quase substituição da natureza por sua formalização matemática, acham-se na origem do menosprezo com que se tem lidado com o solo da vida.

Verdade é que a ciência, em todos os quadrantes, tornou-se arrogante, acreditando os cientistas serem capazes de resolver todos os problemas presentes e os que futuramente venham a ocorrer.

Karl Jaspers, em extraordinário escrito, em 1931, assinalava a ambigüidade da ciência. Depois de reconhecer seu trabalho extraordinário, resultado da tarefa comum dos cientistas disseminados pelo planeta, observava que "as ciências da natureza permanecem desprovidas de uma perspectiva de conjunto", ao passo que às ciências do espírito falta "uma concepção humanista". A crise da ciência não põe em questão seu poder, mas sua significação. Reduz-se ela *"a uma simples virtuosidade técnica especializada* e, talvez, a *um saber de tipo enciclopédico"*, enquanto *"a verdadeira ciência é um saber consciente de suas modalidades e de seus limites."*. É mera superstição científica a crença em "um saber capaz de tudo realizar e dominar tecnicamente qualquer dificuldade".[233]

---

[232] Santos, José Henrique. "Filosofia e crítica da ciência". *Cadernos do CEAS*, Salvador, 43 :3-9, mai./jun., 1976. notad. p. 6-7. O grifo é nosso. Husserl, em escrito memorável, afirmava, em 1935, que o mal-estar da época moderna é, em última análise, "uma miséria metodológica", sensível em muitas ciências, sendo "absurdo, da parte das ciências do espírito, entrar em competição com as ciências da natureza, buscando uma igualdade de direitos". Husserl, Edmund. *La crise de l'humanité européenne et la philosophie*. Ed. bilíngüe Trad. par Paul Ricoeur. Préface de S. Strasser, avec, en postface, un essai de J. M. Guirao. Paris: Aubier Montaigne, 1977. p. 83, 95.

[233] Jaspers, Karl. *La situation spirituelle de notre époque*. Trad. do alemão por Jean Ladrière et Walter Biemel. Postface de Xavier Tilliete. 4.éd. Paris: Desclée de Brower; Louvain: E. Nauwelaerts, 1966. O grifo é nosso.

Dentre os efeitos nocivos da racionalidade científica e de suas resultantes tecnológicas, ressaltam aqueles adversos ao ambiente. A degradação inicial, atingindo campos, bosques, lagos, rios e conglomerados urbanos, foi sucedida, a partir dos anos 80, "por grandes catástrofes locais com amplas conseqüências: Seveso, Bhopal, Three Mile Island, Chernobyl, secagem do Mar de Aral, poluição do lago Baikal, cidades no limite da asfixia (México, Atenas). Nos países industrializados, vieram a ocorrer "a contaminação das águas, inclusive dos lençóis freáticos, envenenamento dos solos por excesso de pesticidas e fertilizantes; urbanização maciça de regiões ecologicamente frágeis (como as zonas costeiras), chuvas ácidas; depósitos de detritos nocivos". Nos países não-industrializados, sobrevieram "desertificação, desmatamento, erosão e salinização dos solos, inundações, urbanização selvagem de megalópoles envenenadas pelo dióxido de enxofre (que favorece a asma), o monóxido de carbono (que causa problemas cerebrais e cardíacos), o dióxido de azoto (imunodepressor)". Problemas globais vieram a manifestar-se no planeta: "emissões de CO_2, que intensificam o efeito-estufa, envenenando os microorganismos que efetuam o serviço de limpeza, alterando importantes ciclos vitais; decomposição gradual da camada de ozônio estratosférica, buraco de ozônio na Antártida, excesso de ozônio na troposfera".[234]

Diante da gravidade de tal quadro, facilmente se aquilata a importância do Direito Ambiental, tendo em vista a inexcedível importância dos bens que tutela.[235]

---

[234] Morin, Edgar et Kern, Anne Brigitte. *Terra-Pátria*. Trad. do francês por Paulo Azevedo Neves da Silva. Porto Alegre: Sulina, 1995. p. 72-3.

[235] "Em pouco mais de vinte anos, a questão ambiental saltou das discussões acadêmicas, dos laboratórios e das pesquisas técnicas para integrar os sistemas jurídicos de quase todos os países", inclusive o Brasil, cuja legislação ambiental *stricto sensu* é "moderna e, em certa medida, tem possibilidades reais de implementação". Na América Latina, a partir do final dos anos oitenta, verifica-se a "constitucionalização" do meio ambiente. Benjamin,

Revelando plena consciência do assunto, dispõe, com exemplar clareza, o art. 225 da Constituição de 05-10-88: "todos têm o direito ao meio ambiente ecologicamente equilibrado, bem de uso comum do povo e essencial à sadia qualidade de vida, impondo-se ao Poder Público e à coletividade o dever de defendê-lo e preservá-lo para as presentes e futuras gerações". O dispositivo constitucional vem muito a propósito, nesta época de *neoliberalismo*, em que, pretendendo-se avançar em nome da "modernidade", recobre-se o campo histórico com uma ideologia que já ocasionou grandes malefícios no século XIX, e que, agora, numa marcha à ré histórica, quer impor seu "pensamento único", desrespeitoso da diversidade e agressivo às conquistas sociais integrantes do patrimônio político-jurídico da humanidade.

Não é necessário ser particularmente perspicaz para perceber que a representação neoliberal da realidade, – em que do caráter central e prescritivo do mercado decorrem a escala de valores e as regras segundo as quais os homens devem viver –, constitui uma visão unilateral de determinada categoria de homens, que pretendem fazer passar seus interesses pessoais pelos interesses universais do gênero humano. Seu efeito mais terrível consiste em afastar da esfera da cidadania uma porção significativa da população. São "os marginalizados sociais", isto é, aquelas "pessoas (que) simplesmente não servem: a economia pode crescer sem a sua contribuição".[236]

Antonio Herman V. A proteção do meio ambiente nos países menos desenvolvidos: o caso da América Latina. *Revista de Direito Ambiental* (ed. Revista dos Tribunais), São Paulo, 0 :83-105, s.d. notad. p. 92,94 e 98.

[236] Dahrendorf, Ralf. *Quadrare il cerchio. Benessere economico, coesione sociale e libertà política* (Economic Opportunity, Civil Society and Political Liberty). In appendice il confronto tra Eugenio Scalfari e Ralf Dahrendorf. Trad. di Rodolfo Rini. Roma: Laterza, 1995. p. 33-4. O neoliberalismmo revela "desprezo pelo direito", sobretudo pelos direitos sociais, ainda que tenham assento constitucional. Até há pouco, ninguém se arriscaria a um tal discurso, "sob pena de escárnio público", mas, hoje, é "o discurso da ribalta". Coutinho, Jacinto de Miranda."Jurisdição, psicanálise e o mundo neoliberal" *In: Direito e neoliberalismo. Elementos para uma leitura interdisciplinar.* Curitiba: Edibej, 1996. p. 68-9.

A difusão das teses neoliberais denota "a incrível memória curta dos economistas teóricos e práticos", uma vez que a ortodoxia do mercado já fora desacreditada ao mostrar-se incapaz de resolver os problemas antecedentes e conseqüentes à Grande Depressão, o mesmo se dando, no período global de depressão de fins da década de 1980 e da de 1990.[237] É a ideologia neoliberal que ataca e mutila a Constituição de 05-10-88, "sob a criminosa conivência de uma mídia comprometida". Promulgada "em clima de euforia nacional", dois anos após sua vigência, antes da regulamentação de diversos de seus dispositivos, de que dependia sua eficácia plena, passou a ser vergastada pela mídia, que passou a denominá-la "mastodôntica", "jurássica", "utópica", passando a ser "símbolo de atraso" e "empecilho à governabilidade".[238]

Outra ideologia, sensível tanto na elaboração quanto na aplicação do Direito Ambiental, é a do *desenvolvimento*, dominante nos anos pós-guerra, hoje em crise manifesta. Depara-se ela com "o problema cultural-civilizacional e com o problema ecológico".[239] Ignorando a importância destes, é ela defendida por uma ciência econômica afastada da realidade, por faltar-lhe precisamente "a relação com o não econômico".[240] O desenvolvimento provou ser "um mito global" e "uma concepção redutora, em que o crescimento econômico é o motor necessário e suficiente de todos os desenvolvimentos

---

[237] Hosbawn, Eric. *Era dos extremos. O breve século XX: 1914-1991.* (Age of Extremes. The Short Twentieth Century: 1914-1991) Trad. por Marcos Santarrita, rev. técnica por Maria Célia Paoli. São Paulo: Companhia das Letras, 1995. p. 107.

[238] Puggina, Márcio Oliveira. Discurso de posse no Tribunal de Justiça do RGS. *Revista de Jurisprudência do T.J.RGS*, Porto Alegre, 32 (181) :402-8, abr. 1997. notad. p. 403, 406, 407.

[239] "A deterioração da biosfera continua, a desertificação e o desmatamento tropical se aceleram, a diversidade biológica decresce". Morin, Edgar *et* Kern, Brigitte, op. cit., p. 74-5.

[240] Ibid., p. 70.

sociais, psíquicos e morais. Essa concepção tecno-econômica ignora os problemas humanos da identidade, da comunidade, da solidariedade, da cultura", mostrando-se "a noção de desenvolvimento gravemente subdesenvolvida". Auxiliou a justificar "as ditaduras impiedosas, seja as de modelo socialista (partido único), seja as de modelo pró-ocidental (ditadura militar)...". Após trinta anos votados a essa idéia, "o grande desequilíbrio Norte/Sul permanece e as dificuldades se agravam".[241]

3. Pré-compreensão e ponderação dos interesses reais

Apesar de tudo, a idéia de desenvolvimento continua a permear a legislação e a influir na interpretação e aplicação do Direito Ambiental. A *Declaração de Estocolmo*, de 1972, buscando uma ética ecológica, dispõe que os recursos naturais da terra... devem ser preservados em benefício das gerações presentes e futuras... (Anexo I, II, 2).

Em conseqüência, deve o homem, ao planejar o *desenvolvimento econômico*, "atribuir importância à conservação da natureza, incluídas aí a flora e a fauna silvestres" (Anexo I, II, 4). Dispõe, ainda, a Declaração de Estocolmo, que "o desenvolvimento econômico e social é indispensável"... (Anexo I, II, 8). O que se verifica, no entanto, é que a planificação racional, destinada a coadunar as exigências do "desenvolvimento" com as do meio ambiente (Anexo I, II, 14), tem sido inviabilizada pela indispensabilidade atribuída àquele.[242]

---

[241] Ibid., p. 81-4.

[242] Texto da Declaração de Estocolmo sobre o meio ambiente humano (1972). *In*: Trindade, Antônio Cançado. *Direitos humanos e meio ambiente. Paralelo dos sistemas de proteção ambiental*. Porto Alegre: Fabris, 1993. p. 248-264.

Posteriormente, na *Declaração sobre o direito ao desenvolvimento*, de 1986, nota-se uma busca de alargamento do conceito, "reconhecendo que o desenvolvimento é um processo econômico, social, cultural e político abrangente", implicando "a plena realização do direito dos povos à autodeterminação", devendo a pessoa humana ser seu "sujeito central" (Anexo III, artigos 1 e 2).[243] Todavia, a idéia desenvolvimentista, em sentido econômico, permanece dominante, caracterizando a incidência da ideologia sobre o direito positivo. Já a Constituição de 1988, em seu art. 225, não alude à idéia de desenvolvimento.

A expressão *desenvolvimento sustentável* resultou da percepção dos efeitos perniciosos, quando não irremissíveis, produzidos pelo núcleo econômico da idéia desenvolvimentista, de modo a compatibilizá-la com o imperativo da preservação do meio ambiente, consistindo "na exploração equilibrada dos recursos naturais, nos limites da satisfação das necessidades e do bem-estar da presente geração, assim como de sua conservação no interesse das gerações futuras".[244]

Sendo impossível expungir a legislação ambiental da expressão *desenvolvimento*, mais vale, do ponto de vista hermenêutico, entendê-la como *utilização sustentável* do meio ambiente, uma vez que o desenvolvimento não é necessariamente um bem, ainda que sustentável. Jamais se explicou satisfatoriamente porque haver-se-ia de considerar o desenvolvimento uma necessidade permanente e inelutável. Por outra parte, verificou-se a junção desta idéia a uma concepção pretensiosa da ciência, que quer tornar esta demiúrgica e onipotente, capaz tanto de fazer quanto de desfazer todo e qualquer

---

[243] Texto da Declaração sobre o direito ao desenvolvimento (1986). *In*: Trindade, Antônio Cançado, op. cit., p. 265-70.

[244] Silva, José Afonso da. *Direito ambiental constitucional*. São Paulo: Malheiros, 1994. p. 7-8.

malefício ao meio ambiente, criando e recriando a natureza a seu bel-prazer.

Não é conveniente que o intérprete se deixe ofuscar pela idéia do desenvolvimento, eis que ela só é justificável até certo ponto e em determinadas situações. Demais os megainvestimentos – respeitosos ou não da natureza – costumam esgrimi-la como argumento terminante na defesa de seus pontos de vista.

Se há um lugar, onde por excelência, a "Ciência Jurídica dos conceitos" mostra seus limites e inconveniências, este lugar é o Direito Ambiental. É impossível ver as normas ambientais como *seres em si*, sem confrontá-las com os fatos sociais a reclamar urgentes respostas. Como já escrevemos alhures, é preciso desvendar os interesses e ideologias à base das normas e os objetivos a que visam realizar. Assim, perceber-se-á sua vinculação com a política, de modo geral, e com os dados econômicos emergentes no jogo político ou dele propositadamente subtraídos.[245]

Na interpretação e aplicação da norma ambiental, percebe-se nitidamente a *politicidade da função judicial*. A atividade do Poder Judiciário não se exaure, como amiúde se pretende, na subsunção da lei aos fatos, o que pode levar aos excessos e surpresas da lógica formal aplicada ao direito. O processo hermenêutico sofre decisiva influência da *idéia prévia* que o intérprete tenha do direito, da vida e dos interesses em questão.

Há que ter o juiz em conta a atuação das ideologias – notadamente a do desenvolvimento e a neoliberal. Ao julgar, o juiz sofre "como qualquer pessoa a atuação de fatores múltiplos, de ordem emocional, psíquica, circunstancial", como também "sente o efeito de suas convicções ideológicas". Por isto, precisa "ter lucidez suficiente, que lhe permita identificar, analisar e criticar

---
[245] Azevedo, Plauto Faraco de. Juiz e Direito: rumo a uma hermenêutica material. *Revista da Ajufe*, São Paulo, 13 (47) :50-59, nov./dez. 1995.

as circunstâncias que o acometem, *inclusive para se policiar*, pois do contrário seria um ingênuo, influenciado por fatores que ele mesmo desconhece, mas que certamente existem e são eficazes".[246]

Admitido que não há como evitar a incidência ideológica no discurso jurídico – tanto na Ciência do Direito quanto no processo hermenêutico necessariamente antecedente à aplicação do direito, o que se tem a fazer é controlá-la, de modo a preservar a *razoabilidade* das decisões.

As ideologias conduzem à pré-compreensão. É ela geral quando "fundada sobre intuições, modos de comportamento, possibilidades e barreiras lingüísticas próprias à camada social que impregna o indivíduo". "Diante desta pré-compreensão geral insinua-se uma *pré-compreensão jurídica* e *jurídico-teórica específica*, cuja legitimidade se apóia sobre textos ou normas em vigor", que obrigam o jurista em sua ação... Sobre este ponto, a Metodologia Jurídica trabalha de mãos dadas com a crítica científica da ideologia e com a (auto) – crítica que a Teoria do Direito deve desenvolver no que concerne a posições fundamentais, como o positivismo legalista, a teoria da integração, a doutrina marxista do direito, o decisionismo, etc.".[247] Demais, "uma Ciência Jurídica sem decisões ou valorizações não seria nem prática nem real. A exigência de objetividade não quer dizer eliminação, mas clara explicitação das valorizações necessárias e efetivamente postas em prática".[248]

Ao juiz brasileiro não é dado ignorar "que os atentados ao meio ambiente continuam em assustadora velocidade e, o que é pior, multiplicam-se e sofisticam-se

---

[246] Aguiar Júnior, Ruy Rosado de. Interpretação. *Revista da Ajuris*, Porto Alegre, 16 (45) :7-20, mar. 1989. notad. p. 18.

[247] Müller, Friedrich. *Discours de la méthode juridique* (Juristiche Methodik) Trad. de l'allemand par Olivier Jouanjan. Paris: Presses Universitaires de France, 1993. p. 367-8.

[248] Ibid., p. 216.

dia após dia. Na esfera da União, documentos importantes como a *Convenção da Biodiversidade* e a *Agenda 21* têm muito de discurso e pouco de efetividade". Demais, "os Estados, acuados pelo desemprego, acrescentam a 'guerra ambiental' à 'guerra fiscal', oferecendo o meio ambiente como moeda, em troca de uma dúzia de empregos, um toma-lá-dá-cá de privilégios e de desconsideração com o bolso do contribuinte e a natureza", chegando mesmo a desrespeitar "normas constitucionais e federais e os mais básicos princípios da sustentabilidade...".[249]

E, no entanto, temos "uma Constituição Federal que aborda a questão ambiental com rara propriedade", apesar das dúvidas que pairam sobre a competência legislativa da União, dos Estados e dos Municípios, que, "com o tempo, deverão ser dirimidas pelos nossos tribunais".[250]

3.1. Métodos interpretativos – relevância dos princípios constitucionais – direito à qualidade de vida e direito de propriedade

No que tange aos métodos interpretativos, ao interpretar a norma ambiental, como qualquer outra norma jurídica, o juiz tem que estar consciente de que os métodos formam um todo que apenas artificialmente pode ser cindido. Todos eles constituem modos de aproximação do sentido e alcance das normas legais. Todavia, a opção final, no sentido de privilegiar tal ou qual método, faz-se sempre em conformidade com o

---

[249] Benjamin, Antonio Herman V. Apresentação. *In: Anais do Congresso Internacional de Direito Ambiental de 1997*. 5 anos após a Eco-92. São Paulo: Instituto O Direito por um planeta verde – Imprensa Oficial do Estado de São Paulo, 1997.

[250] Freitas, Vladimir Passos de Freitas. *Direito Administrativo e meio ambiente*. Curitiba: Juruá, 1993. p. 112-3.

resultado que se deseja atingir. Para chegar à decisão, o juiz vai ao fato, "para conhecer seu sentido e visualizar o fim do comportamento estudado, apreender em função disto seu valor (positivo ou negativo), e confrontá-lo com a norma individualizada, com o *ordenamento jurídico global e com as conseqüências possíveis*. Este caminho é percorrido mais de uma vez, num ir e vir sempre renovado de nuances antes impressentidas, passando pelo mundo do ser, da normatividade e dos valores até o momento em que a decisão é intuída, surgindo claro na mente o julgamento em esboço... Na decisão do juiz, os seus diversos elementos estão reunidos uns em relação aos outros, formando uma estrutura unitária indissolúvel."[251]

Embora o raciocínio deva abranger simultaneamente todos os métodos (gramatical, lógico, histórico, sistemático), ao buscar o adequado entendimento da norma ambiental, deve o magistrado enfatizar a percepção da ordem jurídica global, vale dizer, visualizando-a sistematicamente. Assim fazendo, obviará as dificuldades decorrentes do caráter fragmentário do Direito Ambiental, devendo ter em vista a efetivação dos princípios constitucionais, deles servindo-se tanto para a compreensão das normas particulares quanto para o suprimento das lacunas e solução das antinomias legais.

Neste sentido, o que escreve Canotilho com respeito ao sistema jurídico do Estado de direito democrático português é válido para o sistema jurídico brasileiro: *"é um sistema normativo aberto de regras e princípios"*. Dentre os critérios distintivos entre princípios e normas, apontados por este constitucionalista, referimos um, que nos parece fundamental e que diz com o *"grau de determinabilidade* na aplicação do caso concreto: os princípios, por

---

[251] Aguiar Júnior, Ruy Rosado de. Interpretação. *Revista da Ajuris*, Porto Alegre, 16 (45) :7-20, mar. 1989. notad. p. 18-9. O grifo é nosso. No texto, o autor faz referência a Recaséns Siches, Luís. *Introducción al estudio del derecho*. 4.ed. México: Porrua, 1977. p. 202. O grifo é nosso.

serem vagos e indeterminados, carecem de mediações concretizadoras (do legislador? do juiz?), enquanto as regras são suscetíveis de aplicação direta.[252] À Hermenêutica Jurídica ambiental, interessa, como é claro, a mediação concretizadora realizada pelo juiz.

Dentre os princípios constitucionais a serem mediatizados pelo juiz, na interpretação da norma ambiental, destacamos, dentre os que conformam o Estado Democrático, a *dignidade da pessoa humana* (art. 1º, III, CF) e, dentre os que configuram os fins do Estado brasileiro, a *promoção do bem de todos* ou do bem comum (art. 3º, IV, CF). De extrema relevância para a realização destes são os princípios gerais da atividade econômica, destinados a "assegurar a todos existência digna, conforme os ditames da *justiça social*", para o que se faz indispensável que a *propriedade tenha função social* e que seja *preservado o meio ambiente* (art. 170, III e VI, CF). Para que a *função social da propriedade rural* se possa concretizar é necessária "*a utilização adequada dos recursos naturais disponíveis*" (art. 186, II, CF).

Como se percebe destes dispositivos, os princípios ou valores fundamentais que consagram são correlativos, isto é, constituem uma estrutura cujas partes são indissociáveis: não pode haver promoção do bem de todos ou da justiça social sem o respeito da dignidade da pessoa humana, o que, à sua vez, não se dá sem o reconhecimento da função social da propriedade e sem que a utilização dos recursos do ambiente seja *sustentável*. A agressão egoística ou irresponsável deste, beneficiando apenas os predadores incapazes de antecipar o futuro, torna impossível cogitar da justiça social ou do bem comum, apontando para o "fim do futuro". Os que assim procedem, sendo moralmente indignos, são mensageiros da morte, sem qualquer consideração com a vida das gerações futuras.

---

[252] Canotilho, J. J. Gomes. *Direito Constitucional*. 5ª ed. rev. aum. Coimbra: Almedina, 1991, p. 171-2.

Diante deste quadro de dramaticidade incontestável, servido por normas constitucionais de sentido tão cristalino, não há neutralidade possível, como, de resto, não há em assunto humano algum. Isto não exclui, por certo, a imparcialidade ínsita no trabalho jurisdicional.[253]

Não sendo neutro, mas devendo ser imparcial, não pode o juiz admitir que os princípios constitucionais se tornem parte de um discurso retórico-ornamental. Deve buscar efetivá-los, tornando-os *law in action*, tendo em vista que "o interesse que a norma protege é a própria vida". Não deve perturbá-lo a circunstância de que freqüentemente ver-se-á face a "situações, em que existe verdadeiro conflito de interesses públicos", caso em que deverá avaliar os interesses em questão, optando pelo que melhor "atenda os interesses da coletividade".[254]

---

[253] Não há como confundir a neutralidade diante dos valores com imparcialidade: "a independência do Judiciário não consiste em ter-se juízes que não tenham jamais tido a mínima opinião sobre os problemas que lhes são submetidos, mas reside em sua vontade de ouvir cuidadosa e honestamente os argumentos das duas partes e na sua capacidade de mudar de opinião sempre que a tal tenham sido convencidos". Dworkin, Ronald. Justice for Clarence Thomas. *New York Review of Books*, 7-11-91, p. 41. Cf. Marie-France Toinet. La dérive conservatrice altère le crédit de la Cour Suprême. *Le Monde Diplomatique*, Paris, jan./92, n. 454, p. 18-9; "El juez no puede ser alguien 'neutral', porque no existe la neutralidad ideológica, salvo en la forma de apatía, irracionalismo o decadencia del pensamiento, que no son virtudes de nadie y menos en un juez... siempre que se habla del judicial se está mentando una rama del gobierno, y hasta etimológicamente seria absurdo pretender que hay una rama del gobierno... que no sea política en el sentido de 'gobierno de la polis'... la participación judicial en el gobierno no es un accidente, sino que es de la esencia de la función judicial: hablar de un poder del Estado que no sea político es un contrasentido". Zaffaroni, Eugenio Raúl. *Estructuras judiciales*. Tucumán-Buenos Aires: Ediar, p. 109-112; O que faz o juiz ser juiz é "a) – a conexão de sua atividade decisória com os *cases and controversies* e, por isso, com as *partes* de tais casos concretos, e b) – a atitude de *imparcialidade* do juiz, que não deve ser chamado para decidir *in re sua*, deve assegurar o direito das partes de serem ouvidas ('fair hearing')..." Todavia, "independência e imparcialidade, obviamente, só podem ser realidades relativas e não absolutas". Cappelletti, Mauro. *Juízes legisladores* (Giudice legislatori?) Trad. de Carlos Alberto Alvaro de Oliveira. Porto Alegre: Fabris, 1993. p. 74-5.

[254] Freitas, Vladimir Passos de. *O magistrado e o meio ambiente*, p. 65-6.

Para bem decidir, carecerá não só de conhecimentos atualizados de cunho dogmático, visualizados em *perspectiva crítica*, como daqueles provenientes de outros ramos do conhecimento, pertinentes ao caso.

É Miguel Reale, com sua autoridade de professor, doutrinador e jusfilósofo, conhecedor profundo dos princípios da Hermenêutica Jurídica, quem escreve: "não resta dúvida que a tutela jurisdicional dos interesses difusos e coletivos – para a qual foi criada uma nova ação, a 'ação civil pública', disciplinada pela Lei 7.347, de 24-07-85, põe *in esse* uma nova categoria de julgamento, na qual considerações de natureza sociológica, ecológica, ética e política não podem ser abstraídas, importando, ao contrário, um juízo concreto de valor, através do qual se faz o balanceamento entre o que exige a sociedade e aquilo que é salvaguardado constitucionalmente aos indivíduos e suas entidades associativas". É evidente que a aplicação judicial do direito "somente será plenamente adequada se houver mudança de atitude por parte daqueles juízes que ainda se consideram presos à letra da lei, sem dar atenção às finalidades sociais, políticas e econômicas que as informam".[255]

Em matéria ambiental, a realidade está a reclamar do juiz uma atitude dinâmica, em consonância com as necessidades e problemas atuais. Embora o Juiz de Direito seja "o destinatário natural da maior parte das ações civis e penais", seguindo-se-lhe o Juiz Federal, os magistrados, atuando em outras áreas, também têm "a sua parcela de contribuição a dar". O Juiz do Trabalho, tendo conhecimento de ofensas ao meio ambiente, tratando-se de infração penal, pode valer-se da regra contida no art. 40 do CPP, "ordenando extração de peças e determinando a remessa à autoridade policial". Igualmente, tratando-se de ação civil, em que se constate o

---

[255] Reale, Miguel. O judiciário a serviço da sociedade. *Revista da Ajuris*, Porto Alegre, 21 (62): 196-7, nov. 1994.

ilícito penal, deve remeter as peças ao Ministério Público, para que proponha a ação civil pública (art. 7º da Lei 7.347, de 24-07-85). No que concerne ao Juiz Eleitoral, tendo em vista "o mau costume de candidatos pintarem as árvores ou locais de interesse paisagístico com dizeres de propaganda", deve remeter as peças para propositura desta mesma ação, "o que teria efeito altamente positivo e didático". Providência da mesma natureza deve ser tomada pelo Auditor Militar estadual, "presidindo ação penal, que envolva policiais militares encarregados de serviços de polícia florestal, (sempre que) tomar conhecimento de fatos que configurem crime contra a natureza ou infração passível de imposição de perdas e danos".[256] Nestas condições, o Juiz, nos limites de sua competência, contribuirá para a tarefa docente cometida ao Poder Público no art. 225, VI, CF, cuja relevância não se poderá jamais exagerar.

O que não se pode admitir é que a constatação de Luiz Fernando Coelho, infelizmente verdadeira, se perpetue: "se examinarmos a parafernália legislativa do Direito Ambiental, antes e depois da Constituição de 1988... a primeira reação é de perplexidade, perante um fato evidente: a ineficácia dessas normas, eis que elas simplesmente não são aplicadas... existem milhares de procedimentos administrativos de imposição de penalidades pecuniárias por infração aos regulamentos, simplesmente aguardando passar o prazo prescricional." Para isto concorre o formalismo dos procedimentos administrativos e judiciários, em nome da proteção dos direitos individuais, mas freqüentemente em detrimento dos direitos da comunidade".[257]

Não pode a Hermenêutica Ambiental orientar-se por uma perspectiva individualista. Os princípios orien-

---

[256] Freitas, Vladimir Passos de. *O magistrado e o meio ambiente*, p. 64-5.

[257] Coelho, Luiz Fernando. *In dubio pro natura* – Interpretação da lei ambiental. Boletim Informativo do Instituto de Pesquisas Jurídicas Bonijuris, Curitiba n. 207, ano 6, n. 27, 30-09-94. p. 2.330.

tadores do Direito Ambiental exigem a sua ultrapassagem, tanto mais tendo em vista o art. 225 da Constituição de 1988 e os princípios que a norteiam. Desde a Declaração do Meio Ambiente de Estocolmo, de 1972, evidencia-se à consciência jurídica a emergência do *direito à qualidade de vida*, novo direito fundamental da pessoa humana, exigindo "a proteção da natureza em todos os seus elementos essenciais à vida humana e à manutenção do equilíbrio ecológico".[258]

Diante desse direito fundamental, objetivando a proteção da vida, suporte de todos os demais direitos, admira que ainda se pretenda ver a propriedade como direito absoluto. O Direito Ambiental, constituído de normas esparsas por diversos ramos do direito, é formado por normas imperativas, sobrepostas à vontade dos particulares, tendo em vista a indisponibilidade dos interesses públicos que regem. O direito subjetivo de propriedade, além de dever conformar-se à sua função social,[259] como determina a Constituição, subordina-se, em seu exercício, às superiores exigências da ordem jurídica ambiental. É da índole desta o estabelecer limitações ao direito de propriedade e aos direitos de exploração econômica dos recursos da natureza.

Tratando-se de matéria ambiental, o intérprete precisa superar a concepção individualista de propriedade, advinda do Direito Romano e do Código de Napoleão. Já no século passado, através da concepção do *abuso de direito*, a jurisprudência francesa negara o caráter absoluto dos direitos subjetivos, vinculando-se essa teoria civilista à teoria publicista do *desvio de poder*,

---

[258] Silva, José Afonso da. *Direito ambiental constitucional*, p. 36-44. A ideologia do desenvolvimento, acolhida pela Declaração de Estocolmo, constitui um condicionamento socioeconômico de que não poderia ter escapado, integrante da moldura cultural em que veio à luz, cujos inconvenientes só se evidenciariam nas próximas décadas.

[259] Vide, a respeito, Rios, Roger Raupp. A propriedade e sua função social na Constituição de 1988. *Revista da Ajuris*, Porto Alegre, 22 (64) :307-20, jul. 1995.

como anota Josserand. Refere este jurista que, "talvez, o direito de propriedade, ao menos no que toca à propriedade imóvel, tenha sido o primeiro a servir de campo de experiência à teoria do abuso (de direito).[260] O Tribunal de Colmar determinou, em 1855, a demolição de uma volumosa chaminé, construída pelo proprietário de um imóvel, tendo em vista que o fizera com o intuito de obscurecer a morada do vizinho. – O Tribunal Civil de Amiens e a Corte de Cassação francesa determinaram, na mesma época, a demolição de obras de envergadura, dotadas de pontas de aço, realizadas por um especulador, que adquirira o terreno em que assentavam, tendo por fim prejudicar os vôos de ensaio de dirigíveis, que decolavam de um hangar vizinho. Convertendo-se em estorvo, imaginava que o vizinho, tolhido em sua atuação, haveria de comprar-lhe o imóvel por soma significativa. – O Tribunal de Lyon determinou a cessação de escavações feitas pelo proprietário de um terreno, com o fim de sugar a água que brotava de um terreno vizinho, com o fito de causar dano a seu proprietário, eis que o agente não se beneficiava do excedente de líquido assim auferido, deixando-o perder-se em um rio próximo. Em vão foi invocado o caráter absoluto do direito de propriedade.[261]

Se assim já era ao tempo dos dirigíveis, custa crer que, nos dias de hoje, possam prosperar feitos, argüindo desapropriação indireta, tendo em vista suposta anulação da propriedade em razão da defesa do meio ambiente. É que "os degradadores descobriram que, em vez de procederem com atos frontais de desrespeito às normas ambientais existentes, lhes era mais fácil e lucrativo espoliar o meio ambiente simplesmente brandindo seu direito de propriedade, fazendo uso da técnica – no mais, absolutamente legítima – da *desapropriação indireta*.

---

[260] Josserand, Louis. *Del abuso de los derechos y otros ensayos.* Trad. de Carlos Valencia Estrada. Bogotá: Temis Librería, 1982. p. 7-8.

[261] Ibid., p. 8-11.

Em torno dessa matriz patológica de conduta, estima-se que só o Estado de São Paulo já tenha despendido mais de 2 *bilhões de dólares*", montante suficiente para "adquirir, a preço de mercado, boa parte das unidades de conservação do Brasil".[262]

A inadmissibilidade de tais decisões é demonstrada por Antonio Herman Benjamin, examinando a propriedade rural, no contexto da *Reserva Legal* (arts. 16 e 44 da Lei 4771, de 15-09-65, Código Florestal) e das *Áreas de Preservação Permanente*, que podem ser *legais* (art. 2º do Código Florestal, incluindo, por ex., a mata ciliar, o topo dos morros, as restingas, a vegetação dos terrenos de altitude superior a 1800m), ou *administrativas*, que dependem de ato administrativo da autoridade ambiental competente (art. 3º do Código Florestal: florestas e demais formas de vegetação natural, destinadas a atenuar a erosão das terras, fixar dunas, formar as faixas de proteção ao longo das rodovias e ferrovias, etc.).

Como refere este jurista, "qualquer tutela do meio ambiente implica sempre interferência... no direito de propriedade". No mundo contemporâneo, "mais e mais os poderes do direito de propriedade são estatuídos pelas Constituições, leis e jurisprudências de modo bem delimitado. Lamentavelmente, no Brasil, "a teoria da função social da propriedade não tem tido eficácia prática e previsível na realidade dos operadores do direito e no funcionamento do mercado", o que não deveria suceder, considerando-se que "poucas constituições unem tão umbelicalmente função social e meio ambiente como a brasileira... No Brasil, não há direito de propriedade, que confira a seu titular a opção de usar aquilo que lhe pertence de modo a violar os princípios estampados nos arts. 5º, 170, VI, 182, 2º, 186, II, e 225 da Const. Federal." Está claro que, nestas condições, a

---

[262] Benjamin, Antonio Herman V. Reflexões sobre a hipertrofia do direito de propriedade na tutela da reserva legal e das áreas de preservação permanente. *Revista de Direito Ambiental*, 1 (4): 41-59, out./dez. 1996.

propriedade privada "abandona, de vez, sua configuração essencialmente individualista para ingressar em uma nova fase, mais civilizada e comedida, onde se submete a uma *ordem pública ambiental*".[263] Por outra parte, a *desapropriação indireta* só se caracteriza quando a Administração impõe "limitações ou servidões que impedem totalmente o proprietário de exercer sobre o imóvel os poderes inerentes ao domínio".[264] Ora, a restrição ambiental, nas hipóteses consideradas, não inviabiliza, integralmente, seu uso econômico. "Se é certo que a ordem jurídica reconhece ao proprietário o direito de usar de sua propriedade, nem por isso assegura-lhe, sempre e necessariamente, o melhor, o mais lucrativo ou mesmo o mais aprazível uso possível". Nem o imóvel rural "tem como única forma de utilização, a exploração madeireira ou o sacrifício integral de sua cobertura vegetal, remanescendo apenas a terra nua ou, melhor, a terra arrasada!"[265]

Diante do exposto, conclui-se que a interpretação da norma ambiental precisa ser servida pela hermenêutica material, capaz de evidenciar e acomodar os interesses em questão, desfazendo o jogo ideológico, de modo a prevalecer, em última instância, o direito fundamental da pessoa humana ao ambiente ecologicamente equilibrado, condição de sua vida histórico-cultural e de sua mesma sobrevivência.

---

[263] Ibid., p. 44,47, 51-3.

[264] Di Pietro, Maria Sylvia Zanella. *Direito Administrativo*. 8.ed. São Paulo: Atlas, 1997. p. 152.

[265] Benjamin, Antonio Herman V. *Reflexões sobre a hipertrofia do Direito de Propriedade na tutela da reserva legal...*, p. 54.

Impresso com filme fornecido pelo cliente por:

FONE: (051) 472-5899
CANOAS - RS
1999